“游”必有方

网游成瘾的心理、大脑和疗愈

董光恒 著

TO PLAY OR NOT TO PLAY

THE MIND, BRAIN, AND HEALING OF ONLINE GAME ADDICTION

浙江教育出版社 · 杭州

图书在版编目（CIP）数据

“游”必有方 : 网游成瘾的心理、大脑和疗愈 / 董光恒著. -- 杭州 : 浙江教育出版社, 2022.11
ISBN 978-7-5722-4359-2

Ⅰ. ①游… Ⅱ. ①董… Ⅲ. ①网络游戏－病态心理学－研究 Ⅳ. ①C913.5②B846

中国版本图书馆CIP数据核字(2022)第169035号

“游”必有方：网游成瘾的心理、大脑和疗愈

“YOU” BI YOU FANG：WANGYOU CHENGYIN DE XINLI、DANAO HE LIAOYU

董光恒 著

责任编辑 王方家 江 雷　　责任校对 洪 滔
美术编辑 韩 波　　责任印务 沈久凌
封面设计 张伯阳

出版发行 浙江教育出版社
（杭州市天目山路40号 联系电话：0571-85170300-80928）
图文制作 杭州林智广告有限公司
印刷装订 杭州佳园彩色印刷有限公司
开　　本 889 mm×1194 mm 1/32
印　　张 8
字　　数 130 000
版　　次 2022年11月第1版
印　　次 2022年11月第1次印刷
标准书号 ISBN 978-7-5722-4359-2
定　　价 58.00元

如发现印、装质量问题，影响阅读，请与本社市场营销部联系调换。
联系电话：0571-88909719

序

那个上“大六”的学生

十多年前，我刚取得博士学位，参加工作。带着初入职场的忐忑和兴奋，我早早地到单位报到。学校给了我一个“惊喜”：安排我做一年大学生的兼职辅导员，让我们这批刚毕业、没有任何教育经验的年轻博士能够真正了解大学教育一线的情况。一开始我是抗拒的，因为这与我对岗位的期望不符：我工作后给自己定位是大学心理学教师，主要向学生讲授心理学知识，怎么做起管理学生日常的杂事了？尽管心里有一百个不愿意，但我还是安慰自己这份工作毕竟不像专职辅导员那么忙；同时，可以借机了解下学校运行规则和大学教育的真实状况。

刚上班没几天，学生办公室来了个很特别的小伙子，要找办公室主任。这个学生身材偏瘦，穿着一件有不少褶子的T恤和一条看上去应该很久没洗的牛仔裤，裤子的膝盖和臀部位置的颜色相较其他地方有明显的色差。他的头发油乎乎的，胡子拉碴，看起来比实际年龄大了不少；穿着一双拖鞋，贴着地面迈步，很远就可以听到他的拖鞋与地面摩擦的沙沙声。这些都跟平常来办公室的学生格外不同。我最初怀疑他是美术系的学生，因为我认为狂放不羁的创造性会体现在着装上，但他这一身装扮超越了我对“艺术家”的认识。

等这个学生走了，我好奇地向办公室主任询问他的情况。主任叹了口气说：“‘大六’（大学六年级）了……”原来这名学生沉迷网络游戏，不学习，“挂科”太多，一直修不满毕业要求的学分。他妈妈来找过他，想说服他停止玩游戏，但根本没有用处，现在游戏就是他的一切。六年了，和他同一级的一些同学，现在都快硕士研究生毕业了。

这是我第一次近距离观察一个网络游戏（以下简称网游）成瘾的人。尽管我以前听说过网游成瘾，但是这么近距离且细致地观察、了解，还是超越了我原有的认知，给了我足够的震撼。

■

网游成瘾（internet gaming disorder），一种新的成瘾行为表现形式。它是一种不需要成瘾物质或者其他化学品的摄入（如毒品、酒精、香烟等）就能让人沉迷其中的行为。网游纯粹是一种精神上的娱乐和奖赏，但它会使一些人沉溺其中，产生类似吸食毒品的成瘾行为。

随着网络的普及，网游可以在不同设备平台上进行，如台式机、平板电脑、智能手机等。网游的这种普及性和便利性，让网游成瘾可能发生在家人、朋友、邻居或我们自己身上。国内有媒体报道网游成瘾的比例为27.5%，但是我并未查到这一数据的权威来源，更可能是以讹传讹的结果。在2020年《神经科学与生物行为评论》期刊发表的一篇文章中，研究者分析了113个流行病学研究数据，涵盖693 306人，包括1996—2018年发表的来自31个不同国家的研究数据，发现网游成瘾的比例为2.47%(Pan et al., 2020)。尽管这一比例看上去不高，但是面对我们国家庞大的网络人群，这一情况就显得十分严峻。据中国互联网络信息中心（CNNIC）报告，截至2020年3月，中国网民规模达9.04亿人，互联网普及率达64.5%。即便按照最保守的比例来计算，中国网游成瘾的群体也非常庞大。

网游成瘾不仅仅影响那些沉迷打游戏的人，还深刻影响着他们周围的人。几乎每个网游成瘾的个体背后，都有焦虑的家庭成员。他们或是为孩子的学业前程和身体健康而焦虑不安却无可奈何的父母，或是为丈夫不投入工作、不照顾家庭而愤怒抱怨的妻子。因此，尽管网游成瘾的比例是2.47%，但真正受网游成瘾困扰的人群则大得多。

■

每个人都不希望自己成瘾，至少希望是在一种可控的状况下，将游戏作为一种娱乐方式，做到劳逸结合。然而，深藏于我们理性大脑之下负责原始生存功能的大脑并不擅长遗忘，更难以删除对游戏体验的记忆。即便人们努力不成瘾，甚至放弃游戏很久，一些细微的与游戏相关的信号都可能激活大脑相应的神经回路，让大脑产生强烈的渴望。而这一渴望会诱发强烈的游戏冲动，促使人们产生游戏行为。这种游戏冲动是那么的强烈，以至于它足以瞬间冲垮人们努力构建的行为控制能力，摧毁人们的信心和期望。

当前，科学家可以通过影像仪器了解我们身体的构造，了解不同大脑区域的分工与合作。但是，精神障碍的发病机理具有极端的复杂性，且人与人之间会表现出个体性。即使是经验丰富的精神科医生，对某一特定精神疾病的治疗和干预也没有十足的信心。虽然我们能熟记大脑的解剖结构，但仍然无法知晓在这一结构中所流动着的东西如何错位而导致功能出现紊乱。希望有朝一日，我们也能像了解其他的人体器官一样了解我们的大脑和思维。同时，当它们出现问题的时候，我们也希望有一套标准的模式去修复。面对网游成瘾，我们也渴望知道哪个大脑回路出了问题，然后有针对性地进行干预，使其恢复到正常状态。

现代科学的发展让我们对大脑和脑疾病的了解有了突破性增长。涉及学科主要包括认知神经科学

（研究大脑思考过程中神经特征的学科）以及精神病学（主要探究心理障碍的神经基础等）。尤其是新的医学影像手段［主要是功能性磁共振成像（functional magnetic resonance imaging, fMRI）和正电子发射断层成像（positron emission tomography, PET）］可以让我们在无创或微创的条件下观察大脑的活动，记录成瘾人群独特的大脑活动特征，并通过与非成瘾人群的大脑活动进行对比，发现成瘾人群特殊的脑活动和脑结构。我们已经知道，成瘾者的成瘾行为不仅仅是因为意志力薄弱或者放弃了自我，更多是因为他们的大脑结构和功能发生了变化，使他们丧失了有效控制自己行为和做出恰当选择的能力。

■

现代科学的进展为人们缓解网游成瘾甚至戒除网游成瘾带来了可能。首先，人自身本就具有极强的可修复性。人类是一种适应能力超强的物种：不论天灾还是人祸，都会深深地伤害我们，但是我们却总能顽强地振作起来。可以说，只要我们抓住机会，我们自身神经系统的可塑性或者代偿性就可以帮助我们走出困境，恢复原来的正常生活。

针对网游成瘾，目前常用的干预措施主要有三种。第一种，用理性战胜冲动，它是一种自上而下的治疗措施。通过心理咨询、谈话等使网游成瘾者重新认识自我，认识自己的现状，进而努力去改变自己的行为，克制游戏冲动。第二种，药物治疗，通过服用药物增强脑中某些脑区的兴奋性，或阻断不同脑区之间的联系，改变大脑信息传递组织和传递的方式，进而达到治疗效果。第三种，通过改变身体状态来改变认知，它属于自下而上的治疗手段。应用特定的非药物手段，改变成瘾个体的身体状态，比如隔离游戏，强迫适应无游戏状态；比如应用电、磁对病灶区域实施微电流刺激，改变其大脑反应状态，进而改变其对游戏的评价。以上干预手段的最终目的都是让人学会控制游戏冲动，重新掌握自己的人生。

精神疾病的治疗具有个体性，很少有一种治疗方式能适合所有人。不同个体的发病机理和受伤害程度可能完全不同，因此，所有的干预措施及其效果取决于特定的问题和特定的人。一个有效的网游成瘾干预策略需要建立在对网游成瘾者及其家人的深刻了解之上。一旦发现网游成瘾，切忌自作主张采取某些过激控制行为，向专业人士求助才是恰当而有效的选择。

■

看着求助者焦虑的眼神，我经常不知道能为他们做点什么。因为我不是临床医生，只是从事网游成瘾基础性研究的科研工作者，所以我希望将我目前对网游成瘾机理和干预手段进展的理解归纳出来，让大家能够更好地了解网游成瘾，理解成瘾行为背后的原因，在防止污名化的同时，为网游成瘾者更好地恢复、配合心理医生的治疗提供帮助。

因此，本书的目标读者不光是那些关注网游成瘾的研究者或者精神科医生，我希望每一个网游成瘾者和他的家人朋友都能从书中找到他们需要的东西，使他们能更好地理解网游成瘾，为更好地开展网游成瘾干预和治疗奠定基础。

本书创作的初衷是一次邀请，邀请整个社会一起正视网游成瘾这一现实，一起探索有效的干预和治疗手段。更重要的是，我们要防患于未然，在游戏玩家尚未真正成瘾之前，有效预防网游成瘾的发生。

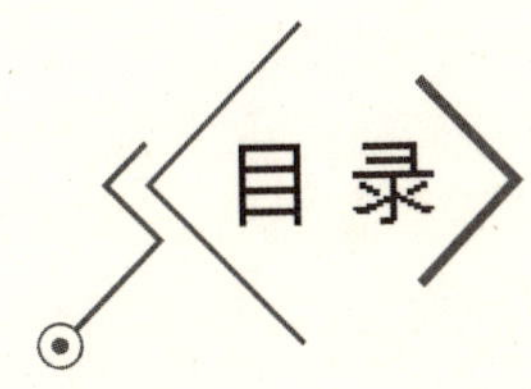
目 录

第三章 网游成瘾的大脑

第四章 网游成瘾与你我

第一章

认识网游成瘾

LOADING...

以网吧为家的孩子

小果（化名）是我在网吧找到的一个访谈对象。

自从在办公室第一次近距离观察到网游成瘾的学生之后，我的内心深受触动。我想起我的博士生导师曾讲过的话：“心理学研究者不应只待在书斋里，还要走出去解决实际问题。”我想或许可以发挥自己的专业特长，去研究这一群体的特征，探索他们网游成瘾的原因以及网游成瘾对他们造成的伤害，进而尝试找到一些有效的干预策略，真正为这个群体做些有价值的事情。

从这一目的出发，我首先要采访一批网游成瘾的人，和他们仔细聊聊网游吸引他们的地方，聊聊他们对网游的看法，直观地获取第一手资料，加深对这一群体的了解。做研究的第一步通常是：通过对具体群体的访谈和观察获取经验性知识，然后在分析和归纳这些资料的基础上，提出相应的研究假设，进而通过科学的研究过程去检验研究假设（支持或否定假设）。

我首先想到学校周边的网吧。学校北门有一条繁华的商业街，那里全国各地的特色小吃店林立。这些门店主要在一楼。转到楼背后，顺着逼仄的楼梯上到二楼，眼前忽然豁然开朗起来，仿佛经过曲折的路径寻找到世外桃源一样。“XX网吧”几个艺术感特别强的大字镶嵌在科技感十足的背景上，网吧周围贴满了有各种动漫形象的海报，后来我才知道那些是游戏中的人物角色。

一进门我就看见大厅中间一排排27英寸液晶显示器。在那个17英寸液晶显示器占主流的年代，27英寸液晶显示器是个很高端的配置。除了大厅中间的座位，周围还有一个个装修相当考究的小隔间，这些小隔间大多为1—2个座位。

小果就在网吧角落的一个小隔间里。他并没有在玩游戏，而是侧着脸趴在桌子上呼呼大睡。从侧面看去，他的头发油乎乎的，胡子有点长，看来是好久没有修剪过了。他的电脑桌边上放置着不少一次性饭盒，横七竖八地堆放在一起，有的已经破裂，油水顺着缝隙流到外面的塑料袋里。还有一个开着口的饭盒，里面的炒面还冒着热气，显然是刚买的。

我抬头环顾了一下，整个网吧里还有三四个这样的人。他们长期占据着网吧的某个角落，在这里，他们可以通宵达旦玩游戏，累了就趴在桌子上睡，睡醒了继续玩。网吧附近有厕所，楼下就是小吃店，只要发一条信息甚至只要冲着楼下吼一声，几分钟后老板就能把煎饼果子、煎包、炒饭等送上来。每天早上，网吧老板会来收拾一下他们吃剩下的饭盒，因为放久了，网吧里会弥漫着难闻的味道。他们就像一群寄居在网吧里的人，不管学业成绩，不听家人的劝导，将网吧当成了自己的家。

当然，只有少数大学生长期在网吧玩网游，主要是因为在网吧成本太高，睡觉也不方便。更多的大学生在学校宿舍里玩网游，他们以各种辅助学习的名义游说家长给他们购买电脑。这些电脑最初可能的确发挥了利于学习的作用，但后来就发展成为他们的专业游戏工具。在宿舍玩游戏也可以熬夜，真累了还能随时到床上去睡觉。缺点是，熬夜会影响同寝室的人休息，还得应付学校宿舍管理员的各种检查等。

■

仿佛一夜之间，网游成瘾的问题迅速进入了公众的视野。网络基础设施的迅速发展，让网络普及到千家万户；同时电脑等硬件配置的提高、价格的降低，加上各大游戏公司全力引进或开发网游，使网游得以在年轻人中迅速传播。

最初，网游作为一种新鲜事物吸引了一批尝鲜者，它的负面影响并未引起社会的普遍重视。但是，网游成瘾的某些极端事件不断发生，如某家长不让孩子玩网游导致孩子跳楼、网游成瘾的孩子为了充值“装备”而去偷抢……这些事件经过媒体的报道宣传，迅速抓住了人们的眼球。人们才开始关注身边的这些网游成瘾现象，反思这一行为的负面影响。

其实，网游成瘾并不是突然出现的，它是伴随着游戏形式的发展而逐渐产生的。在网游风靡之前，有单机的视频游戏，我们可以操作手柄等控制角色的动作，按照游戏设计好的固定路线，达到游戏程序要求实现的目标。

网游的出现，赋予了游戏全新的含义和玩法。与传统的单机游戏相比，网游具有几个显著的特征，而这几个特征极易让人沉溺其中，无法自拔。

（1）社交性：传统游戏通常是一个人面对机器的预设，与程序中预先设计好的内容进行对抗。高手可以记住很多个关口的具体设置，包括哪里会蹦出一个怪兽，哪里有需要注意的内容等，然后进行有目的的操作。

但网游却完全不是这样，在游戏中作为我们朋友或敌人的人，背后也是一个活生生的人，在进行游戏的同时，同一队伍的人员之间可以相互交流，统一安排战术，一起完成任务。因此，它是一个社交过程，只是将现实社会的人通过网游的媒介搬到网上去了而已。

（2）面具性：这一特性是游戏“社交性”的延伸。与传统游戏相比，玩家不用在简单枯燥的程序里循环，可以在虚拟世界里扮演不同的角色，这一角色可以与真实的自己大相径庭。在游戏中，一个人可以是振臂一呼应者云集、受人崇拜的勇者侠士，也可以是生活中不存在的修仙道士、妖魔鬼怪。

这一面具性极大地提高了游戏的吸引力，人们可以在游戏中宣泄现实的压抑和无聊，扮演在现实中无法企及的社会角色。在游戏里我们可以肆无忌惮地发泄，不用担心社会道德的约束。

（3）社会性：网游就是一个小社会。游戏中的装备好坏、技能的高低、战术水平是否合理都与玩家们虚荣心的满足相关。要获得这些装备或练就某些技能，通常需要玩家付出更多的时间和努力。因此，网络社会就是现实社会的缩影，但它却可以实现玩家在现实里无法企及的想象。网游一出现，立刻在玩家之间风靡。有学生抱怨说：在学校这个大群体里，大家都在玩，如果你不玩，就会显得格格不入；当别人兴高采烈地交流游戏经验时你却听不懂，就会有一种被孤立的感觉。

（4）无穷尽性：传统单机游戏的核心任务是通关。玩家一关关地冒险通关，最终会打通整个游戏。通关之后，它的吸引力就会大大降低。就像一本已经知道结局的悬疑小说，很容易变得索然无味。但是，网游的特征之一，在于它不存在“通关”这一说法。在网游里，可谓“强中自有强中手”，不同等级玩家具有的战斗力、拥有的装备等都有区别，玩家需要不断提升自己的等级，以便具有更强的战斗力。同时，网游可以通过开发新的游戏地图等方式不断扩大游戏的范畴，增强游戏的新鲜感。网游成功避免了传统游戏的“通关”问题，对玩家的吸引力不断增强。

因此，这个具有高度吸引力的新鲜事物在迅速发展的初期，在其危害还没有被我们认识和警觉的时候，就已经侵入了游戏玩家的生活。当我们意识到的时候，已有不少人沉迷于网游之中，进而成瘾。

■

近几年，随着移动互联网的迅速发展与手机配置的提升，手机游戏得到了迅速的发展。这一变化的直接后果是，它使得我们接触网游的门槛进一步降低。以前，人们想玩游戏，必须有一台电脑且要有网络连接，从而被限制在特定地点。而现在人们只需要一台配置尚可且能够联网的手机就能玩游戏，并且可以随时随地玩。目前很多入门级手机的价格只有千元左右，已经具备支撑网游流畅运行的功能。手机游戏让网游的门槛降低，网游的受众进一步扩大。

有媒体曾报道，某年儿童节，有单位去偏远地区慰问当地的留守儿童。该单位给孩子买了书包、图书、文具等一批他们认为一定会受孩子欢迎的礼物。但是孩子收到礼物之后，并没有想象中的那样激动，却写了字条称：“叔叔阿姨，我不喜欢你们带来的东西，我想要一个可以打游戏的手机。”对偏远地区的农村来说，很多父母在外打工，不能给孩子严格的监护，家里的老人也不清楚游戏的危害。对他们来说，让孩子吃饱喝足、不生病、不惹事、不闯祸就是最大的目标，而手机游戏可以大大降低他们看护孩子的负担，只要孩子拿到手机开始打游戏，他们就不再四处乱跑，不再调皮惹事了。最终结果是，走在农村的街头，经常可以看到三三两两的小孩围在一起拿着手机玩游戏。

不玩网游行吗？很难。据了解，当越来越多的孩子“触网”后，网游逐渐成为他们的社交核心，一些不玩网游的孩子甚至会因为与同伴缺乏共同语言而被孤立。而这种现象，必将进一步加快网游在儿童群体中的普及速度，因为不玩网游的孩子反而成了群体中的异类。

总之，网游成瘾人群已经成为我们社会一个需要关注的群体，网游成瘾成为一个亟待解决的社会问题，必须引起我们足够的重视。

游戏本质上是一种娱乐手段

一个年轻貌美、身材姣好、服饰夸张的女战士，右手握着一把宝剑，宝剑闪出逼人的寒光。她急速奔跑着，在山谷里寻找和追踪敌人。女战士跨过山涧小溪，穿过丛林草地，最终追上敌人，经过一番激烈打斗，她使出必杀技给了敌人致命一击。敌人躺在地上化成一摊宝物，女战士举起宝剑指向天空，带着俯瞰众生的豪迈，并发出一声欢呼。于是，整个画面以她为中心旋转着。

上述场景不是出自动画片，而是某个网游。游戏中的一切都那么完美、那么吸引人，完全满足人们对英雄和侠客的美好想象！另外加上唯美的画面，充满个性的主角，激烈的打斗场景，扣人心弦的故事情节，完美地呈现了一个侠客行走江湖所应该具有的一切。

与这完美的观感不同的是，在电脑前操纵这一切的，可能是个蓬头垢面，烟不离手，与游戏中角色形象相距十万八千里的网瘾少年。

■

什么是游戏？

尽管我们都知道“游戏”，但很多人未必清楚它的科学定义。

辞典中对游戏的定义是：以直接获得快感为主要目的，且必须有主体参与互动的活动。

这个定义说明了游戏的两个最基本的特点：第一，游戏的目的是“直接获得快感（包括生理和心理的愉悦）”；第二，游戏需要主体的参与和互动。主体参与互动是指主体动作、语言、表情等变化与获得快感的刺激方式及刺激程度有直接联系。

历史上，很多哲人也尝试给游戏下定义。亚里士多德认为，游戏是劳作后的休息和消遣，是本身不带有任何目的性的一种行为活动。其实游戏最本质的特征就是用来玩和消遣时间的。

精神分析鼻祖弗洛伊德认为，游戏是被压抑欲望的一种替代行为。他把游戏看作我们日常被压抑、得不到满足和宣泄的欲望，这些欲望会通过游戏的行为展现出来。显然，这个解释在一定程度上将游戏的作用过度拔高了。

德国生物学家卡尔·谷鲁斯（Karl Groos）认为，游戏不是没有目的的活动，并非与实际生活没有关联，而是为了将来面临生活的一种准备活动。例如，小狮子相互打闹游戏其实是为以后的狩猎做准备。生物学家的观点总是从功能和演化的角度出发，认为游戏是适应社会的准备活动。

那么，游戏公司怎么看待游戏呢？索尼在线娱乐的前首席创意官拉夫·科斯特（Raph Koster）将游戏定义为：游戏就是在快乐中学会某种本领的活动。他将游戏上升到学习本领的高度，而且还是在快乐中学习。

综合来说，在最初的时候，游戏就是为消遣和娱乐而生的，它是一种人类自发活动，带有生存技能培训和智力培养的目标。但随着社会的发展，游戏已经逐渐超越其最初的形式和目的，变成人类社会普遍存在的一种消遣性活动，不再限于生存训练或智力培养的单一功能。

■

游戏是人类学习生存的第一步。它是一种基于物质需求满足，在特定时间、空间范围内遵循某种特定规则，追求精神需求满足的社会行为方式。游戏行为最频繁的阶段是儿童期，甚至婴儿的主要任务就是游戏，他们通过游戏认识世界，模拟和学习与他人交往。几乎所有孩子都会玩过家家、医生看病或者其他角色扮演游戏。孩子的行为往往是对所见生活状态的模仿。游戏不仅仅保留着动物本能活动的特质，更重要的是还涉及人类为了自身发展需要创造出的多种多样的活动。

尽管游戏听上去似乎是高级智能活动，但不是人类的专利，在动物身上也有丰富的体现。在动物世界里，游戏（如小狮子之间的相互“撕咬”、小老虎追着“咬”母亲的尾巴等）是各种动物熟悉生存环境、相互了解、学习和演练生存技能，进而获得生存优势的一种活动。游戏很多时候也是对生存状况的适应性模拟活动（觅食、繁殖、自我保护），通常发生在幼崽期间，因为在这期间，有母亲在身边保护它们。而成年的兽类几乎没有时间游戏，他们把主要的精力用在寻找食物、躲避天敌、交配季节争夺配偶等事情上。

随着社会生产力的发展和剩余食物的累积，人们逐渐不需要全天候觅食和狩猎也能维持生存，于是成年个体也逐渐成为玩游戏的主力。特别是在物质丰富的今天，玩游戏逐渐成为成年人的重要消遣方式。

游戏的种类很多，广义上各种球类、唱歌、跳舞，甚至运动等，都是游戏方式的变式和游戏范围的扩展。

传统游戏有几个特点：（1）组织简单，通常就地取材，用木棍、石子、叶子等作为工具，按照一定的规则就可以进行游戏；（2）需要身体动作的参与，比如跳皮筋、摔烟盒等；（3）玩法灵活，可以自由结伴，自主选择，然后自己探索新花样；（4）模拟生活，通常采用日常生活随手可得的材料，或者是模拟日常生活；（5）一般比较简单易学，即便要使用道具也很简单，规则也相对简单。

■

随着显示屏的发明，以显示屏为载体的娱乐类型得以迅速普及，包括以显示屏为主要显示载体的游戏。这种游戏通过在显示屏上创设虚拟的情境或图像，让玩家通过某种操作完成任务。其范围涵盖很广，从最简单的黑白液晶显示屏到彩色LED显示屏等。

以显示屏为载体的游戏与传统游戏相比，存在巨大的优势，大大冲击了传统游戏玩法，拓展了游戏的范畴。显示屏游戏通常利用连接至游戏机的掌上装置来操控，这种装置一般被称作“控制器”。它通常包含数个按钮和方向控制装置，每一个按钮和操纵杆都会被赋予特定的功能，操作者可以通过按下或转动这些按钮和操纵杆控制屏幕上的影像。

显示屏游戏一改传统游戏需要身体动作参与的特点，变为手指操作为主。玩家所操控的也不只是实际物品，还有屏幕上显示的图形信号。显示器游戏无需游戏参与者亲临现场，而是通过媒介的传递进行游戏，所以它没有了传统游戏的身心一致性和参与性特征。但是，显示屏游戏可以用不同的画风或游戏风格来满足不同玩家的喜好，游戏中有许多不同的场景可供玩家选择；附带特效的声音以及角色对话等，给玩家极大的视觉、听觉冲击。

网络科技与显示屏游戏的结合，产生了网游。网游是一种通过互联网连接的供人们使用并具备娱乐性、休闲性，便于玩家之间交流的游戏方式。它区别于传统的单机游戏，也就是人机对战游戏，通过一定的服务器，形成玩家之间互动的游戏类型。目前，网游主要有两种类型：（1）大型多人在线角色扮演游戏（massive multiplayer online role-playing game，MMORPG）。在这种游戏中，所有玩家以扮演的虚拟角色参与游戏，并控制该角色的许多活动来完成某种任务。在游戏过程中，各个玩家控制的角色在网络虚拟空间中实时互动。（2）多人在线战术竞技游戏（multiplayer online battle arena，MOBA）。在这类游戏中，一般需要购买装备进行战斗，玩家通常被分为两队，两队在分散的游戏地图中竞争，每个玩家都通过一个即时战略风格的界面控制所选的角色。这种游戏更多是传统游戏的网络升级版，由现实中的人与人之间的对抗，演变为人机对战，进而演化为在网络中的人与人之间的对抗。

■

在各类游戏公司的创新下，网游的形式也在不断地创新和进化。

随着科技的发展，特别是电脑处理器、显卡、网卡等飞速发展，游戏设计者有了更大的自由度进行游戏设计和创新。同时，伴随着对游戏状态下人视觉特征、思维特征研究的进一步深入，游戏设计者可以在更大程度上依据玩家的心理特征设计更让人沉浸的游戏，进一步满足玩家的心理需求。

（1）初代网游：最初的网游规则通常是，玩家在线时间越长则收益越高，玩家技术水平对收益的影响并不大，或者说微乎其微。而这时候，网游的在线时间是要通过购买“点卡”等方式实现，每次玩网游都会依据上机时间扣去相应的钱（可以按分钟计费，也可以包月收费）。

（2）次代网游：后来，有游戏开发商嗅到了其中的商机，干脆把网游做成免费的，玩家不论玩多久游戏，都不收一分钱，不过高级“装备”只能花钱买。这降低了普通玩家游戏的费用，也催生了职业玩家的出现，他们通过“打怪”等方式来获得游戏中的虚拟货币和高级“装备”，转手卖给普通玩家牟利。

（3）三代网游：为了克服传统网游的弊端，新一代网游努力将以往那种“只要我上线时间够久，就比别人厉害”的玩法改为每日任务，采取给每日收益设上限等限制措施。但这反而导致玩家以前那种探索地图的欲望降低，变成按照每日任务提示，完成任务以获得奖励。

以前的网络游戏进程缓慢，玩家需要努力一段时间才能获得一定的成就感。随着游戏设计水平的进展和处理器速度的提升，玩家每次获得成就感的时间在不断缩短。这一特征更符合玩家的心理特征，能够吸引玩家在网游上花费更长时间。

正是伴随着网游的迅速发展，网游成瘾的问题逐步显现，网游成瘾人群逐渐进入人们的视线。

游戏的光亮和阴影：益智与暴力

不认识游戏的好处，我们就无法理解人们为什么这么喜欢玩游戏。

小孙（化名）是一名网游爱好者，据说在圈子里小有名气，常组织大型的网游比赛。但当见到他时，我却很难把他和想象中呼风唤雨、雷厉风行的形象对上号。他长着一张白净的脸，行为略带拘谨、腼腆，说话时很少直视我的眼睛，更多是看着自己修长的手指。我和他寒暄了半天，他也没说几句话，更多是我问，他回答一两个字，一度让交谈的气氛有点尴尬。但是，当我和他谈起游戏的好处时，他瞬间打开了话匣子：

我不是一个擅长社交的人，甚至也不喜欢跟别人有过多的互动。白天在单位忙了一天，带着疲惫的心和身体回到一个人的家，整个房间里也充满着寂寞。但当我打开游戏，看到熟悉的场景和熟悉的人的时候，我的心理会获得极大满足。就像一个在黄昏赶回家与家人团聚的人看到了家门前熟悉的灯，或者原始人看到了部落的火把一样，是一种归宿和依赖。它照亮了我的生活。甚至我认为游戏就是我生活的动力。在游戏里，那些琐碎和百无聊赖的时光都变得简单起来，有时候也让我忘记了一天的不愉快，甚至拥有了小小的成就感。

在这个世界上，不是每个人都是生活的强者，也并不是每个人都能在现实里获得足够的成就感。对某些特殊群体而言，他们可以在游戏中找到归属感，排解心中的寂寞和无聊，缓解现实生活的压力。

■

人的需求分为物质需求和精神需求。而游戏则是满足精神需求的一种重要手段。

游戏本身是哺乳动物的一种行为，对于灵长类尤其重要。这自然也包括我们人类自身，它是学习生存的一项重要手段。它是人类古老的娱乐活动，能给我们带来直接的快感和乐趣，我们在游戏中模仿，在游戏中学习，在游戏中成长。它带来快乐，满足我们自身的精神需求。

孩童时期，我们在家人或老师的带领下玩老鹰捉小鸡、跳绳、捉迷藏等户外游戏，或者是拼图、积木、连线、迷宫、手工制作等益智类游戏。长大后，我们开始接触篮球、足球等对抗性更强的游戏活动。

随着社会的变化、科技的进步，电子游戏出现了。从街机游戏到电脑游戏，再到手机游戏，虽然电子游戏在形式上不断地更新迭代，已经超越了传统游戏，但其在本质上和传统游戏没有什么不同，仍然是游戏的变式。

因此，游戏本身并没有好坏之分，只要控制得当，它甚至在一定程度上被认为是有益身心健康，可以提高生活质量和幸福感的。游戏的奖惩机制让玩家明白什么该做什么不该做，游戏的内容让玩家学会合作或者培养他们的创造性思维，游戏的胜利让玩家获得成就感。因此，无论哪种游戏，其本质都是相同的，只是时代不同了，游戏的表现形式存在差异。因此，我们要防止的是对游戏的过度沉溺，而不是游戏本身。

■

归纳当前科学界的研究，游戏被证明有多种好处，包括加强团队合作、提高认知灵活性、预防阿尔茨海默病等。这些研究都是有严谨的科学事实作为依据的。

人类的娱乐方式有很多种，每个人都有自己喜欢和擅长的娱乐方式。有人喜欢运动，在汗水中获得快乐；有人喜欢读书，在知识中获得感悟；有人喜欢追剧，在跌宕起伏的情节中获得满足；当然，也有人喜欢打游戏，他们通过游戏放松心情，释放压力。特别是在现实生活中遇到烦恼时，通过打游戏宣泄一番，可以让自己的心情得到放松。本质上，它和有人不开心的时候去长跑，有人不开心的时候去唱歌的根本目的是相同的。

与他人合作是个体社会化的重要内容，它深刻影响着一个人与同伴关系的质量，决定着一个人是否能顺利融入团体和社会。在现代社会，随着城市化的发展，人与人之间合作的机会与以前相比变得越来越少。大部分游戏需要团队合作才能完成，一个只顾着自己，而不能恰当地照顾其他玩家，不能和其他玩家合作的人，很难达到游戏的高层次。对孩子来说，它的社交功能就更加凸显。孩子在跟同伴或父母玩游戏的过程中，社会交往能力能得到提升，即便他们在合作或竞争中容易产生负面情绪和争吵，也是发展合作精神和学习与人分享的体验，能够为他们日后融入社会打下基础。

现代益智类游戏，通常可以设计出传统游戏难以达到的效果，且成本低廉。这些游戏能够提升玩家思考问题的能力，且不用花费大量的时间（比如搭建一个游戏场景需要时间）和金钱（比如购买玩游戏需要的设备）。现代益智类游戏可以简单地达到这些要求。现代的很多游戏还具有协调身体机能的作用，比如拼图、搭积木等，需要玩家脑与手的灵活配合，甚至身体的配合。这样可以训练玩家，特别是儿童的手脚协调、手眼配合等身体机能。

现实情境中，紧张刺激的情境（包括剧烈的运动等）会刺激人体分泌内啡肽，内啡肽有一个绰号，叫“年轻荷尔蒙”，它能缓解压力，增强愉悦感。人们对于快感的体验来自大脑内啡肽的分泌和调控，它直接参与了生物的感情控制。快乐的体验可以进一步促使大脑分泌多巴胺，多巴胺让人们立刻感到快乐，也是成瘾的重要推手（详细叙述见第三章）。

如果让喜欢网游的人来评价玩游戏的感觉，很多人会说“爽”。是的，游戏过程的紧张刺激会让人在结束后感到快乐！像运动一样，它能帮助玩家暂时甩掉思想的包袱和沉重的心情，从游戏中找回纯粹的快乐。而每次游戏中获得的奖励都可以促使我们产生多巴胺，让我们即时感受到快乐，并不断强化我们的游戏行为。

衰老是自然发展的规律。但是，现代医学在努力探究延缓衰老的方法，特别是在认知方面。随着年龄的增长，老年人的认知不断老化，体现在反应速度、记忆能力、抑制无关刺激能力等各个方面的衰退上。认知老化也是导致阿尔茨海默病的重要原因。因此，抗击认知老化一直是国际学术界关心的话题。

研究发现，玩电子游戏能延缓大脑衰老。当前的大量研究证明，电子游戏在延缓认知老化中具有重要作用（Brilliant et al., 2019）。一篇发表在《自然》（*Nature*）上的研究指出，电子游戏训练能够提升老年人的认知控制能力（Anguera et al., 2013）。通常，电子游戏要求玩家具备同时处理多项任务的能力，使玩家能够保持警觉、提升脑力。因此，电子游戏对于老年人提高记忆力、分析能力和多任务协调能力，对抗大脑衰老有所帮助。

■

在所有游戏里，暴力游戏恐怕是数量最多的一种类型了。“暴力”一直是视频游戏的核心元素，它会带来激烈的竞争和刺激感。据调查，大约90%的视频游戏含有暴力内容（Ellis et al., 2019）。因此，在媒体和大众舆论层面，“暴力游戏增强攻击行为”的说法得到广泛的认同，特别是在声讨游戏危害的时候这一说法更是主流论点之一。2018年初，美国政府在回应美国近年来枪击案频发问题时强调：暴力电子游戏是引发现实社会暴力行为的重要原因（Forbes, 2018）。事实似乎也支持这一“上至政府首脑，下至普通民众”都倾向于相信的言论，比如美国青少年暴力行为近年呈现上升趋势。

但是，一个不容忽视的事实是：当前社会，人类的暴力行为是在减少的。暴力游戏的出现并没有显著改变这一切。

其实，科学界对“暴力游戏是否诱发攻击行为”

存在着广泛的争议。科学家从不同的侧面对暴力游戏与攻击行为的关系进行探究，包括认知、情感、参与伤害他人或虚拟个体的行为，甚至攻击目的等。对暴力游戏是否会增加游戏玩家的攻击性、降低同情心，一直存在着巨大的争议，支持者有之，否定者有之。更重要的是，这一争论似乎不能被归因为研究方法的差异，因为元分析（meta-analysis）类研究依然无法弥合这一争论性结论（Bushman & Huesmann, 2014; Elson & Ferguson, 2014）。目前，学者争论的焦点在于：暴力游戏诱发的攻击效应是否真实存在？或者它们的影响是否被刻意夸大了？

1. 支持“暴力游戏会增加攻击行为”的观点

支持这个观点的人进行了一系列的研究，包括将所有关于暴力游戏与攻击行为之间关系的研究进行元分析，结论认为：暴力游戏可以作用于攻击行为的六个方面，即认知、情感、觉醒、移情或对暴力的感知、外显的攻击行为、外显的亲社会行为。在此基础上，他们认为暴力游戏与攻击行为、攻击认知和攻击情感呈正相关，与移情以及外显亲社会行为呈负相关。研究者强调，这一特征在不同研究、不同文化背景和不同游戏类型（第一视角、第三视角；人类、非人类目标）里都具有普遍指导意义（Anderson et al., 2010）。

支持“暴力游戏会增加攻击行为”的理论有很多，其中包括社会学习理论。这一理论认为：人们通过观察生活中他人重要的行为而习得社会行为，这些观察以心理表象或其他符号表征的形式被储存在大脑中，来帮助他们模仿他人行为。暴力游戏给游戏者提供了一个观察和学习暴力行为的机会，他们可以在暴力游戏中训练他们的攻击行为（例如，如何砍、杀，如何瞄准、开枪等）。可以说，是暴力游戏训练了犯罪过程（Anderson et al., 2010）。另一种理论为启动效应（priming effect）理论，它是指由于之前受某一刺激的影响而使得之后对同一刺激的知觉和加工变得容易的心理现象。在暴力游戏的作用上，研究者倾向于：游戏中的特定概念会“启动”现实中对应的概念，从而对玩家现实生活中的行为产生影响。例如，游戏中的暴力元素（血腥视觉、射杀动作等）会启动个体的攻击认知、攻击情感和攻击行为（Bushman & Huesmann, 2014; Elson & Ferguson, 2014）。

2. 否定“暴力游戏会增加攻击行为”的观点

尽管有人力挺“暴力游戏会增加攻击行为”的观点，但也有大量的研究者对此提出了质疑。弗格森等人发文对支持游戏会增加攻击行为的研究结论提出了四点质疑（Ferguson et al., 2010）：第一，大部分此类研究都将“攻击行为”的范畴局限于“轻微攻击行为”，例如，可以接受的语言攻击和与攻击相关的情感体验，这一操作会放大二者之间的效应值；第二，大量的研究没有将重要的协变量纳入统计控制的范畴，因为这里的“效应”可能是未控制的额外变量的结果；第三，论文存在出版偏误，支持二者存在关系的研究容易得到发表，而否定二者之间效应的论文难以发表；第四，即便“暴力游戏会增加攻击行为”结论得到支持，其研究得出的效应也是非常微弱的。而如果将以上几个内容（轻微攻击、额外变量等）进行控制之后，便难以观察到显著结果。这里提到的额外变量的范围很广，如文化因素、年龄因素等。首先，文化在这一过程中发挥着重要的作用。研究发现，视频游戏增加攻击行为的结论在西方的许多研究中得到支持，但在亚洲国家和西班牙的研究中则得不到充分支持。另有研究发现年龄的边际效应，也就是儿童可能更容易受暴力游戏的影响，而成年人则不太会受到影响（Bushman & Huesmann, 2014; Elson & Ferguson, 2014； Sokolov et al., 2020）。甚至有人发现暴力游戏对人的发展具有积极影响，比如暴力游戏能够通过团队合作降低嫉妒心理，因为它提供了人与人合作的机会等。

同样，反对“暴力游戏增加攻击行为”的观点也有其理论支持。宣泄理论（catharsis theory）强调游戏的益处正是在于宣泄和降低焦虑与攻击冲动。该理论认为人存在着一种本能的攻击性驱力，这种驱力需要释放和表现。而游戏使得这种宣泄成为合法的、为社会和成人所接受的方式。对儿童来说更多是游戏，而对成人世界来说，对抗性的体育运动也是一种宣泄渠道。暴力游戏正是我们对“攻击”这种内驱力的最好宣泄途径（Greitemeyer & Sagioglou, 2017）。从这个角度讲，暴力游戏不但不会增加攻击行为，反而会降低攻击行为。弗格森等人查看了美国娱乐软件分级委员会在1996—2011年的数据，并且对比同期青少年犯罪的数据后发现，暴力游戏不但没有引发青少年犯罪，而且随着暴力游戏的数量不断增多，青少年犯罪率有明显的减少趋势（Ferguson et al., 2012）。另外，游戏与现实差异的观点认为：游戏归游戏，现实归现实。游戏玩家只是把游戏作为一种消遣，并不会把游戏的内容代入个人真实的生活里。游戏中的行为和现实中的行为存在于两个平行的世界中。

尽管目前存在着激烈的争论，但是更多的证据逐渐向"暴力游戏并未导致攻击行为"的方向靠拢。具体地说，就是玩家能清楚地区分两个世界，游戏归游戏，现实归现实。玩《极品飞车》等赛车游戏的人并不一定有飙车行为，玩暴力游戏的人也不一定会实施攻击行为甚至犯罪。

当生活里只剩游戏：过度玩游戏的危害

小虎（化名）的母亲绝望地看了一眼趴在电脑桌前的儿子，一脸的无奈和失落，她悄悄转过身叹了口气，眼里泪光盈盈。小虎已经不再是她记忆里那个活泼可爱，委屈了会趴在她怀里抹眼泪，每天都弄满身泥巴才回来的小孩了。现在的小虎一头油光闪闪的头发，衣服都只在她强烈要求的时候才会脱下来换洗。他一天到晚坐在电脑桌前玩游戏，甚至吃饭都坐在电脑前眼睛盯着屏幕。小虎和母亲已经很久没有认真说过话了，最初小虎还会对母亲的唠叨反驳两句，后来小虎就像免疫了一样，任母亲在他耳边怎么劝，他都岿然不动。

小虎的母亲和父亲曾经尝试剪断网线来促使他放弃游戏。但就在要剪的那一刻，小虎发出一声嘶吼，然后瞪着满是血丝的眼睛，死死地看着他们俩："如果剪断网线，我就死给你们看！"父母从没见过小虎这么陌生的眼神，这让他们感到后背一阵阵发凉。最终他们俩还是没有真正剪断网线。他们想，或许等小虎玩够了游戏，就会好起来。他们不知道这个想法是否会实现，只能期望着奇迹发生。

■

尽管我们提到游戏有它自身的好处，但是，任何事情一旦过度必然会带来严重的后果。一旦对游戏上瘾，个人身体发育、学业成绩、心理健康、人际交往，甚至人生观、价值观都会受到很大影响。如果上瘾的是中小学生，他们的成长会受到更严重的影响，因为中小学生自制力的发展并不成熟，对游戏的兴趣更加持久。一旦对游戏上瘾，则很难戒除。

即使是已经成年的大学生，对网游也没有足够的抵抗能力。当前，智能手机和电脑在大学生中几乎普及，无论是课堂内外，他们可以随时上网玩游戏。摆脱了高中沉重压力的大学新生，很多时候会失去努力的方向；更有甚者，发现自己并不喜欢大学的专业，于是将精力投入游戏中。这些网游成瘾者把宝贵的时间浪费在游戏上，无暇顾及专业知识的学习，导致学习成绩下降甚至出现多门功课不及格的现象，严重影响了学业，甚至造成无法毕业等后果。

网游成瘾会影响青少年的身心健康。网游成瘾者的上网持续时间长，睡眠、饮食一切从简，与正常人的生活规律有很大的不同。此外，屏幕产生的蓝光对神经系统的影响会使得成瘾者的大脑神经中枢持续处于高度兴奋状态，引起体内一系列复杂的生物化学变化，包括自主神经功能紊乱、内分泌失调、免疫功能下降、诱发各种疾病等。很多成瘾者出现头痛、头晕、耳鸣、失眠等症状，这些都是身体的警示信号。青少年阶段是身心发展的关键时期。长时间玩游戏会剥夺其他娱乐的时间，剥夺体育活动的时间等。结果就是引起中枢神经系统失调，进而引发身体虚弱、体能下降，身体健康受到严重威胁。

一个人需要经常与他人交往才能保持心理健康。而长期痴迷于网络生活会对网络形成情感依赖，削弱对现实中的人和事的兴趣。与现实中的生活产生距离感，会影响玩家的情感发展。严重的结果是，一些网游成瘾者不知道怎么面对现实世界，甚至会对现实社会感到悲观、失望等。

网游成瘾青少年更难与周围的人相处。大学生把大部分时间投入游戏或网络聊天中，必然会大大减少和同学、老师面对面交流的时间，导致现实生活中的人际关系淡化。成瘾者的人际交往能力不但没有因为网络交流而提高，反而降低了。网络上与现实生活中人际交往的方式和规则不同，在网络上可以匿名，网络聊天的对象可以是陌生人，交流更随意，上网者可以自由地发表观点。而现实中的人际交往有更多的限制和顾忌，需要更多的身体语言和情感投入。如果将网络交际中的交流方式用于现实人际交往，将会造成现实人际交往的矛盾与错位。可见网络交流不仅没有让人学会人际交往技巧，反而会导致在现实生活中的人际交往能力下降，人际关系逐渐恶化。许多网游成瘾的大学生在网络上有自己的交际圈子和朋友，但一旦离开网络就变得沉默寡言，离群索居。

网游成瘾会影响青少年正确的人生观、价值观和道德观的形成。青少年时期是一个人的世界观、人生观和价值观迅速形成和发展的阶段，并且这一过程容易受到外界环境的影响。网游给他们提供的世界非常单一，甚至脱离现实。这个世界很多时候是信息的垃圾场，里面泛滥着谩骂、欺诈、虚假信息等，充斥着形形色色的奇怪想法，仿佛没有人需要为自己的谩骂和诅咒承担责任一样。“键盘侠”就是这种特定情境的产物之一。

这种不良的信息环境，给正在成长的青少年的思想带来了巨大的消极影响，因为他们无法有效辨别信息的真实性，无法对这些行为形成有效的批判和防御机制，因此极易被这种环境所毒害。这些不负责任的网络行为，使青少年对社会的责任感和对他人的人文关怀越来越淡薄，导致他们人文品格和道德水平的滑坡，甚至会引发行为越轨乃至违法犯罪。

■

除了上面我们论述的消极影响外，网游成瘾在个体认知发展、人格形成等方面也有很大的负面影响。数年前有家长控诉让游戏“放过孩子”，曾引起国内一些专家学者的关注：游戏对中国儿童的不良影响之深，究竟已达何种地步？

一个个事件，将网游一次次推上风口浪尖。这些由极端个案引发的讨论也引起了以青年为主的网络舆论的反弹，出现了很多不一样的声音，如“求家长们救救孩子，放过游戏”“家庭教育失败，不要推到游戏头上”“留守儿童沉迷于网络游戏，问题出在留守上，而不是游戏本身”，等等。

对于网游致人成瘾的谴责，从话语权的角度说，个案中家人的情绪化控诉，很容易陷入非理性表达的陷阱，甚至网络舆论还会指向“完美受害人”，要求家长反省自己的教育问题。无疑，很多人对于家长祥林嫂式的哭诉并不买账，认为他们的例证是极端的，批判的理论是浅薄的，话术是古板的。

理性思考，我们不能将沉迷网游视为“小儿科”话题，而是要放在“反成瘾”这个社会话题的高度上。要将规制网游成瘾当成与规制酗酒、药物滥用、吸烟甚至是吸食毒品一样严肃的治理成瘾的议题。

目前，网游成瘾的形成机制、危害方面已经出现了相当多的脑科学、心理学研究成果。网游成瘾不是家长的危言耸听，它需要我们严肃地去反思并寻找可能的解决路径。

网络的工具性与成瘾性

来自媒体的一则报道：

重庆沙坪坝一名28岁的女子李某因网购成瘾难以控制而选择自杀，所幸抢救及时，挽救回了生命。李某几乎每年都要在网上购买数万元的衣物和化妆品。但她收入不高，经常透支信用卡，前段时间因为网上促销活动，她又透支了一万多元，感到无法原谅自己，并难以向丈夫交代，最后选择了自杀。

小林（化名）自述：

我性格比较内向，在日常人际交流中经常不知道怎么开口，也不敢开口。后来接触网络，我发现在网络上我可以无话不谈，且获得了很多的快乐。于是我将越来越多的时间用于网上聊天。尽管我意识到这样不好，也尝试多种办法去转移注意力，然而我对其他事物已经很难有兴趣，网上聊天已经逐渐成为我生活的核心。

小梁（化名）自述：

在12岁的时候，我在互联网上发现了黄色视频，继而学会了下载黄色视频。在15岁的时候，流媒体视频普及，我就开始在线观看黄色视频，并习以为常。后来这些视频便不再那么容易激起我的欲望了，于是我转而观看一些时常带有暴力成分的黄色视频。

小冯（化名）自述：

我对网络购物有一种极度强烈的依赖性。我每天都打开购物软件，密切关注并渴望着购物，不可抗拒地想要拥有各种消费产品，如果买不到就寝食难安，心里有个结解不开。我购买的这些东西基本不怎么用，因为它们大多超出了我的需求范围。但是，在下单的那一刻，我特别快乐，特别满足，仿佛感受到了生活的意义和价值。但是过度购物给我的生活和财务造成了很大困扰。

■

网络是一面镜子，照出我们在真实世界里难以满足的欲望。

网络成瘾（internet addiction disorder, IAD）指由于长时间不合理地使用网络而产生的耐受性、戒断反应、持续的上网欲望以及上网行为失控等现象。网络成瘾的概念最早源起于1996年（Young, 1996）。近些年来，越来越多的心理学家开始关注该领域，相关研究也逐步增多。

网络成瘾是一个比较宽泛的概念，而网游成瘾只是网络成瘾的一种。网络带来便利的同时，也会带给我们很多的负面影响，比如所谓的“网络人际交流成瘾”“网络色情成瘾”“网络购物成瘾”“网络信息搜集成瘾”等。一般而言，媒体所讲的网瘾，主要是指网游成瘾。研究证实，所有与网络相关的成瘾中，网游成瘾占比大约57.5%（Kuss, 2013），是网络成瘾的最主要类型。

目前，只有网游成瘾被美国精神医学学会《精神障碍诊断与统计手册（第五版）》（DSM-5）收录，作为需要额外证据的潜在精神障碍。其他与网络相关的成瘾类型还不是正式的称呼。这些成瘾者是否真的达到成瘾标准，是否能够作为一种值得关注的精神疾病尚待观察。

因此，本书主要聚焦于网游成瘾。

■

网游成瘾作为一种行为成瘾，与其他药物成瘾或者物质依赖不同的是，在它形成与发展过程中成瘾者不会摄入任何化学类物质；但相同的是，过度地、长时间地玩网络游戏会导致个体产生与传统成瘾相似的“心理依赖”特征。

网游成瘾已经产生了心理层面、社会层面的广泛负面作用，成为严重影响人们心理健康的全球性问题。2013年5月，美国精神医学学会将网游成瘾收录在《精神障碍诊断与统计手册（第五版）》（DSM-5）的附录中，将网游成瘾认定为一种需要更多实证和临床研究的症状，并提出9条诊断标准：

（1）完全专注游戏；

（2）停止游戏时，出现难受、焦虑、易怒等症状；

（3）玩游戏时间逐渐增多；

（4）无法减少游戏时间，无法戒掉游戏；

（5）放弃其他活动，对之前的其他爱好失去兴趣；

（6）即使了解游戏对自己造成的影响，仍然专注游戏；

（7）向家人或他人隐瞒自己玩游戏时间；

（8）通过玩游戏缓解负面情绪，如罪恶感、绝望感等；

（9）因为游戏而丧失或可能丧失工作和社交。

2018 年 5 月，世界卫生组织宣布：游戏障碍（gaming disorder）被列入《国际疾病分类第十一次修订本》（ICD-11）中，这象征着游戏成瘾将被归类为一种精神疾病。以上种种举措，既承认了网游成瘾作为一种精神障碍的界定，也进一步促使相关心理学研究者对网游成瘾领域的关注。

研究证实，网游成瘾者相对于正常健康者来说，表现出更多社会的、经济的、婚姻家庭和工作上的困难。网游成瘾者情绪不稳定、易怒，且伴有睡眠障碍等并发症。并且，网游成瘾的青少年患有更严重的抑郁、焦虑症状和社交恐惧等问题，在校的学业成绩也不如正常学生。可见，网游成瘾给成瘾者造成了众多的负面影响，并且这些影响与物质成瘾的影响具有相似性。

除了探究网游成瘾的行为特征之外，越来越多的研究尝试探索网游成瘾的大脑神经机制。其中，fMRI 是应用最广泛的探索成瘾疾病大脑机制的影像工具。该技术已经被广泛应用于认知神经科学的研究中以及其他相关领域。由于 fMRI 技术在实际应用中集无创性、简单高效、可重复性高、影响因素少、分析内容多等诸多优点于一身，深受广大研究者青睐。fMRI 可以用来探究网游成瘾者对网游刺激的反应以及成瘾行为的特点和成瘾结果的神经基础，已经成为目前应用最广泛的影像工具。

游戏公司自带原罪吗？

2017 年，国内某游戏公司开发的一款多人在线战术竞技游戏累积注册用户数超 2 亿，日活跃用户数超 8000 万，季度营收 60 亿元，业绩超过许多 A 股上市公司。

伴随着这种现象级游戏的全民热捧，出现了一系列让人震惊的悲剧事件。如 13 岁学生因玩游戏成绩下降，被父亲教训后愤而跳楼；来自贫困家庭的 11 岁女孩为买游戏装备盗刷 10 余万元；17 岁少年连续打游戏 40 小时后诱发脑梗险些丧命……这些事件经过媒体的渲染和传播，造成舆论引向对游戏公司的批判。一系列社会舆论把游戏公司塑造成为赚钱不顾一切，危害青少年成长的罪魁祸首。游戏公司一度背上了极大的社会道德压力，也面临着极大的社会责任压力。

很快，为控制后续的不良影响，平息社会舆论，相关游戏公司推出了中国游戏行业有史以来最严格的防沉迷措施。主要是以年龄为标准限制玩家登录时长：12周岁以下（含12周岁）未成年人每天限玩1小时，晚上9时以后禁止登录；12周岁以上未成年人每天限玩2小时。超出限定时间的玩家将被强制下线。游戏公司还陆续推出实名认证、家长孩子共同认证等，并规定没有完成实名认证的账号，将无法登录。更进一步的措施是，推出“一键禁玩”功能，避免未成年人通过多账号登录绕开家长监护。家长只需要几个简单步骤就可以完成绑定，并掌握孩子游戏登录和充值状态。

一个游戏公司，为了平息社会给自身的压力，用一种近乎断臂求生的姿态在向社会证明自己承担的社会责任，这一行为背后潜藏着游戏公司巨大的无奈。

■

从游戏公司的角度看，设计出一款具有吸引力的游戏是他们最根本的目标。所有商业化的网络游戏为了最大化自己的利益，都需要遵守两条原则：第一，尽可能地延长玩家的在线时间；第二，尽可能地在新内容制作出来前减缓玩家消耗游戏内容的速度。

正如前面我们所分析的，游戏本身是个好东西，它具有娱乐功能，让人们在玩游戏的过程中获得乐趣。如果能不断发明新鲜且吸引人的游戏，将会大大丰富人们的娱乐生活。但是，对现代社会来说，游戏已经成为一个产业，其中存在公司之间的激烈市场竞争。为了在竞争中生存，游戏公司就必须做出能吸引人且能盈利的游戏。对一款游戏来说，能够让人喜爱，甚至“上瘾”是对它的高度评价。

游戏公司既然作为一个商业实体而存在，它的首要目标就是生存和盈利，这也是公司存在的本质。游戏公司之间存在着激烈的竞争，一旦自己开发的游戏不够吸引玩家，就面临被市场淘汰、被玩家抛弃的结局，最后公司难以存续，投资人血本无归。游戏公司的种种吸引玩家的手段，和饭店厨师努力做出美味的饭菜，服装公司设计时尚的衣服等没有本质区别，都是由公司的生存和盈利为驱动力的行为。

因此，一款好的游戏，必须结合现代工业设计原理和工业心理学，外加酷炫的美工设计，才能实现对玩家的精准诱导。它必须深刻迎合玩家的心理机制，满足他们的喜好。并且在游戏中设计即时反馈机制等，提供给玩家一种现实世界没有的"可控感"；能使他们在游戏过程中受到挫折（如游戏失败）后会毫不犹豫地选择再次进入，而不是放弃游戏。游戏设计中必须充分利用多重系统、多样玩法、小目标渐进等策略强化游戏进程的黏性，达到玩家对游戏"不离不弃"的目标。

因此，游戏最根本的驱动力之一就是让人"上瘾"。只有玩家对游戏热爱甚至"上瘾"，他们才会持续在游戏上投入更多的时间和金钱，这也是游戏成功的必备要素。这些让人"上瘾"的机制已经在工业设计（游戏设计）中得到广泛应用，甚至有专门的产品设计理念指导开发者在做产品时吸引用户"上瘾"。

从这个角度讲，游戏公司的行为是他们作为一个公司存在的必然选择，也是必须的选择。

■

站在玩家的角度思考：好游戏可遇不可求，好游戏公司值得尊敬。

美味的饭菜，是对食客的最大尊重。同样，一款好玩的游戏，是对玩家最大的尊重。但是做一款让人欲罢不能的好游戏十分困难，它最少需要满足以下几个标准：

第一，游戏必须具有探索性。摆在玩家面前的不是已经设计好的场景和剧情，最好是充满无限未知的世界。

第二，游戏必须具有精巧的情节设计，给玩家无限的新鲜刺激和体验。千篇一律且没有创新性的场景只会让人机械性地走过场，而不是积极参与其中，往往无法给玩家以满意的体验。

第三，游戏必须具备有代入感的成长体验。好的成长体验通常是，玩家从没有技能、没有装备、没有伙伴的新手开始，一步步拓宽世界，变强大、变成熟、变理性，然后参与更宏大的事件等。

即便用以上最简单的标准来衡量游戏，目前市面上好游戏也是屈指可数的。甚至，游戏的这些特征不是简单“增加投入研发费用”就能创制的，很多公司重金投入研发出的游戏依然索然无味，无法吸引玩家。研发游戏是一个极具创造性的过程，要有巧妙的剧情，细致入微的设计，外加一些偶然因素带来的机会（无论研发投入多少，游戏公司在投入市场前，都无法预测游戏的受欢迎程度），才能成就一款受欢迎的游戏。

玩家玩游戏的过程其实是在“消耗游戏内容”，

就像看电影一样，重复经历过的情节很难具有吸引力。因此，游戏公司必须不断生产新的内容，且其速度应该高于玩家消耗游戏内容的速度，才能让玩家不断在其中产生新鲜感，否则就会导致玩家的流失。

如何解决游戏内容不足的问题？游戏设计师们通常会利用三种策略：

第一，采用重复性的游戏流程充实游戏内容。比如，要求玩家每天必须杀死多少个怪物，累积多少分数，移动多少距离等。但是，这类操作非常容易使玩家厌倦，通常的做法是在重复的过程中添加各类奖励和强化，激励他们玩下去。

第二，增加升级所需的经验值从而延长玩家的游戏时间。游戏设计者逐步提高过关或升级需要的体力、经验值等，甚至于制造一些玩家不积累一定时间来培养人物就打不过去的关卡。

第三，让玩家创造游戏内容。玩家在游戏中与其他玩家的交互，不仅满足了玩家的社交需求，每个玩家本身的行为也影响到了游戏的进程，从而成为游戏内容的一部分。

但是，以上几点都很容易被有经验的玩家识破，进而因游戏缺乏创新力产生厌恶感。游戏公司一旦处理不好这些问题，就会被玩家抛弃。

因此，从玩家的角度出发，一个具有创新性且好玩的游戏是非常让人期盼的。它必然是设计者智慧的结晶。

■

在网游成瘾孩子家长的眼中，游戏是祸害他们孩子的“元凶”。

游戏公司之间竞争加剧，各个公司拼命研究游戏的规律，在设计游戏时候展示游戏的魅力，吸引玩家花更多的时间来玩。一个深刻研究人的心理、科学利用人性而设计出来的游戏，目的就是占据玩家的时间，掏空他们的钱包。游戏公司的对象主要是孩子，他们的心智尚在发展阶段，判断力和自控力都不足，难以看清游戏公司的套路，难以理解长期玩游戏对人的损害。因此，家长在面对孩子的过度游戏而手足无措时，声讨游戏公司肯定是最容易寻找的宣泄口。

家庭在孩子网游成瘾中的作用，参见第二章。家庭如何预防孩子网游成瘾，参见第四章。为避免重复，具体内容不在这里过多叙述。

■

大型游戏运营商确实在努力承担防沉迷的责任。早在2005年，我国《网络游戏防沉迷系统开发标准》出台，当时新浪、盛大、网易等游戏公司共同签署了《防沉迷宣言书》。近几年，腾讯等公司也不断推出和完善自己的防沉迷系统。

但是，这种防沉迷系统的效果如何？所谓“道高一尺，魔高一丈”，游戏公司推出父母“一键禁玩”，但网上很快就有了解除这一功能的教程；游戏公司推出每日游戏时间限制，于是出现游戏账号出售等现象，未成年人可以冒用他人身份打游戏，这一需求甚至形成了一个“产业”。

这些本质上是社会治理问题，不是一个游戏公司能单独破解的局面。游戏公司不可能有那么多的人力物力去核对和检查每一个细节。看好自己的孩子本是家长的责任，如果一味把管理责任交给游戏公司，正如同把教育孩子成长的责任交给社会一样，是一种不负责任的表现。

在大型游戏公司之外，还有一群并不起眼的小型游戏公司，他们受到的社会舆论压力小，在承担社会责任方面有所欠缺。大型网游公司的各种自我设限，正好给了这些小型游戏公司发展的好机会，他们不会限制和筛选玩家，更不会规定他们游戏时长，甚至会努力诱导玩家消费。通常正是这些小型游戏公司恶化了人们对网游的评价。遗憾的是，更多的社会批判却要由大型游戏公司承担。

■

游戏行业的未来如何？未来的大趋势是在政府监管下的有序发展。游戏行业健康发展的最根本形态，是让每一名玩家都能在游戏中获得单纯的乐趣，不被游戏之外的因素困扰。让每一名游戏行业的从业者，都能有足够的空间发挥自己所长，获得理解和尊重，实现自己的人生价值。从游戏监管的角度来说，目标是让游戏停留在休闲和娱乐层面，发挥它本来的作用。

第二章

游戏为何吸引人？

LOADING...

即时反馈的“快乐”

作为现代社会的上班族，我们身边的每件事情几乎都是确定的，不需要额外探索。例如，沿途的道路和大楼是固定的，地铁的线路是固定的，工作的地点是固定的，甚至有些工作也是固定的。我们所做的大量活动，都是预先计划好的。这些固定行为的好处是让我们有一种把控感，但缺点是它们不能带来意外之喜。

我们工作赚钱，想要创造更多、更好的物质条件。我们与陌生人合作，认识自己的优势，不断学习充电，目的是把我们最大的潜能发挥出来，但我们却不一定经常和家人一起娱乐，很少和孩子一起玩游戏。

我们日常做的事情往往缺乏直接反馈。例如，学生上了一个学期的课，到期末才知道自己的分数；上班族夜以继日、加班加点地工作，往往只有等到每次年终的时候才能看到成绩。值得注意的是，在这过程中的任何一次失误，都可能让所有的努力化为泡影。

假设我们用一台时光机，穿越回原始社会，会是怎样的景象呢?我们每天从用草和树枝搭建的简易草棚或者山洞出发，去探索周围环境、采摘蔬菜果实、追捕鸟兽虫鱼。我们无法预期今天会得到什么，因此每一次收获都是意外之喜。

我们不追求太多食物，反正够今天吃就行，因为果实放久了会干，肉放久了会变味。我们吃饱了就玩，玩累了就睡，睡醒了再吃。饿了就去采集狩猎，反正周围有很多的果子和动物。

我们会遇到一些问题，比如我们要割开猎物的外皮才能吃到肉，于是我们必须制作一把石刀；为了树木高处的果子，我们必须制作一些长杆子；当然，我们也会将动物的牙齿羽毛等制成饰品，戴在身上，让我们显得很漂亮。

■

现代社会过分复杂的分工使我们大多不能立刻看到劳动成果。生活里太多的东西需要长久等待和坚持，这很容易让人对事物失去耐心。很多事情即使我们努力了，结果也有可能失败，甚至根本就没有机会成功。这又会严重挫伤我们的进取心。

而游戏里获得成就感的过程特别简单粗暴：打怪就增经验，好装备会提升战斗力；看自己的经验和财富，你就能推测什么时候会升级……这些成功的过程会促使我们产生多巴胺，让我们感到快乐（多巴胺和网游成瘾的关系参见本书第四章）。

相比现实生活里需要长久忍耐才可能有的反馈，游戏里的即时反馈大概可以被称为“幸福”。比如很多的手游，一局中玩家可能会有紧张刺激，有策略规划，有各种心理波动。如果对战胜利，立刻就有收获。这一过程可以促进让人快乐的神经反应，让人沉浸其中，难以自拔。这些可以被人轻易感知的即时反馈，能带给玩家长期或短期的激励，促使他们继续进行操作。而新的操作又触发新的反馈，由此循环，以至于玩家根本停不下来。

不但如此，玩家在游戏里经过的地点、打过的怪物都会被记录下来，达到一定的成果，获取某些升级都会收获提醒。游戏里的反馈更多以进度条的形式表现出来，比如游戏中设置各种各样的进度条，完成一定次数的操作后就能领取奖励，让人对现状和离目标的距离一目了然。例如，一些塔防类网游的升级规则就非常简单：赢一场加一颗星，集齐五颗星就可以升一级；输一局也要减一星。这样就促使玩家为了升级不断投入时间，甚至会连续打好几个小时。

游戏其实就是现实社会的一个缩影，相比现实社会，游戏更加理想化。在这个虚拟的现实社会中，玩家不仅可以和剧情互动，还可以和里面的其他玩家互动，这样就创造出了许多现实中让人意想不到的可能性。我们可以在无垠的银河系与敌人对战，也可以潜入海底和敌人周旋。在游戏中轻松实现上天入地，而这一切是现实中根本无法想象的事情。

尽管在这一过程中，我们也会失败。失败会引发心理的失衡，让人感到懊恼沮丧。但好处是，游戏的即时反馈让你很容易知道自己在哪些方面没有做好，哪些方面需要提升。知道自己的不足后我们努力想办法解决矛盾，持续追求发展，总想一直玩下去直到心理相对平衡。比如，游戏中小到因一个技能没放准而导致的失败，大到输得不服气，总想赢一局再走的心态，都能促使我们投入更多时间在游戏上。

■

回到前文中穿越的故事，我们发现，沉迷游戏本质上不全是游戏本身的问题。实质上，它是人类现代文明和远古生活方式断裂导致的问题。

采集、打猎、游戏，是我们人类经过几百万年的演化而形成的能力，具有这些能力的先人成功打败各路对手，最终在这个星球站稳脚跟。可以说，这些特征已经植根于我们的基因深处了。

但是，现代社会发展太快了，快到生物演化无法“发挥”作用。几千年的时间让我们迅速从采集狩猎社会过渡到现代工业社会，但我们的基因里仍然顽强地保留着几百万年演化的行为倾向。从这个角度讲，现代社会的生活方式是反人性的，与我们的本能相反的。

一些游戏能让人重返深植在我们基因中的古代生存模式：打怪就能得到经验、采集就能得到物品。现实生活是存在延滞效应的，人们要想获得关于自己行为的反馈，往往要经过一段时间；在这过程中很容易因得不到即时反馈和激励而丧失动力。游戏里，一切行为都会非常明确地获得相应点数的经验值，绝不落空。你的每一个成就，都会记录在徽章系统、排行榜系统和分数系统里，你可以随时知道自己的进步。而现在的游戏，正竭尽全力地优化这些反馈。

游戏是未来人类表达自己、创造意义的一个媒介，它将成为人类下一代文明的基础之一。在未来，游戏可能不仅仅是一种娱乐，而是经济、社会、制度重构的一种基本机制。游戏会成为我们新的生存方式，例如娱乐游戏化、公司管理游戏化、教育游戏化，等等。

随机奖励的“盒子”

白天，28岁的小飞（化名）是某大学重点实验室的副研究员，奔波于实验室和办公室之间，做实验，分析数据，写报告。

晚上，在哄完孩子入睡之后，他是“女王”。这是他游戏里的名字，玩家们也都这样称呼他。“女王”的部落有数以百计与他一起“攻城略地”的玩家。

为了维持在这个部落的地位，他需要投入更多的时间来升级“女王”这个角色。但是，他逐渐意识到，在这个虚拟的世界里，钱才是关键。他辛苦很久才得来的武器装备，别人付钱就可以轻易购买。更让人不爽的是，游戏里这些内容本身都是明码标价出售的。

他看透了这一切操作的根本目的，却无法放弃。于是，他也开始不断投入金钱，以换取和维持他在虚拟世界的地位和权威。即便是这样，他在游戏里的地位也开始不保，因为有人以更大规模的金钱投入逐渐占据上风，他们拥有了更大的“话语权”。小飞要想保持游戏角色的影响力，就必须不断加大投入。而这似乎永远是个无底洞，因为“人民币玩家”总是有更大的投入。

小飞很迷茫，在这个游戏里，所有人最后都必须是“人民币玩家”，区别只在于你愿意花多少而已。他想放弃又不舍得，自己已经在这款游戏上投入了太多的时间和精力，想继续，就得继续投入更多的时间和精力，但这势必会影响生活。他最终陷入进退两难的境地。

■

假设现在有两个工作，并且这两个工作的总体奖励额度是一致的，你觉得哪个工作更容易让人着迷？

第一个工作有绝对明确的目标和达成目标的手

段。任何时候你都知道应该做什么，而且只要做了就有奖励，不做或者做错了就没有奖励。你的付出和回报紧密相连，你和每个同事的绩效都一目了然，绝对公平。

第二个工作也有明确的目标，但是奖励并不是必然的。有时候有，有时候没有，有时候大有时候小，充满了随机性。有时候做了很多却没有奖励，有时候没做太多，但却得到一大笔奖励。但是，不做绝对没有奖励。

你可能猜，第一个工作更容易让人着迷，因为比较确定。但结果却是后者更容易着迷。

曾经有个著名的心理学实验：1930 年，哈佛大学心理学家伯尔赫斯·斯金纳（Burrhus Skinner）发明了一个盒子，这个盒子被称为“斯金纳盒子”。盒子里装着一个小动物，如鸽子或者老鼠。盒子上有个按钮，动物按下按钮就会得到食物。对此，他采取了两种操作：

第一种，当盒子中的动物按下按钮时有一定概率会掉落食物。在按 40—60 次按钮才会掉落一次食物的情况下，用于实验的鸽子甚至可以坚持连续按键 15 个小时。但是在经过一段时间之后，它们似乎觉得这个游戏没意思了，就只在饿了的时候才去按按钮。

第二种，引入了概率，使实验对象无法确定自己的行为带来的结果。斯金纳改进了盒子的设定，把奖励改成了随机的，有时候无论怎么按按钮都没有食物出现，有时候按一下能得到好几份食物。这一下动物们就“上瘾”了，会不停地按按钮。即便这次没有获得奖励，仍然有着“再多按一次就能获得奖励”的希望。除非获得奖励的概率已经低到了令人无法接受的程度，或是实验对象已经筋疲力尽，否则实验对象按按钮的行为模式就会一直重复下去。

斯金纳把这个机制叫作“强化”（reinforcement）。他认为只要设计合理的奖励制度，你就能强化一个动物或者一个人的某个行为。如果你希望他多做这个动作，你要做的就是用奖励去强化他这个动作。其中最好的方法就是随机奖励（Skinner, 1958）。

如果博弈者面对的仅仅是一个比拼概率的游戏，那么若干次重复之后他就会很容易厌倦。因此，游戏设计者要想保证游戏可以继续下去，就必须打破固定概率的游戏方式，改用随机概率的游戏方式，让博弈者认为自己“再努力一下，就可能获得奖励”的期望一直延续。

因此，让人沉迷的核心并不是简单地给予奖励，而是这个奖励必须给得巧妙。换句话说，就是需要一个能让人上瘾的奖励制度。这种设计已经形成了一门学问：行为设计学。现在行为设计学已经非常成熟了，大量的公司在设计产品时都在运用它解决问题。

简言之，这一学问的核心特点是：（1）不断重复的流程（重复性）；（2）在流程结束时以一定概率获得回报（结果的不可预测性）；（3）已经投入这么多，不舍得放弃（沉没成本）。

■

游戏公司早已深谙行为设计学的精髓。仔细研究就会发现那些风靡一时的游戏，往往同时具备上述这三个核心特点。甚至，在游戏设计之初，设计师们就已经把这三个核心特点作为游戏设计的根本指导原则。而网游又拥有比单机游戏更大的沉没成本（更长的升级时间，玩家社群产生情感上的联系，游戏中不断付出的金钱），可以进一步吸引玩家。

我们一一分析这三个核心特点：

（1）重复性：体现在游戏上就是可重复玩。不仅仅是玩家在第一次玩某个游戏时觉得它好玩，而是玩了第一遍后会忍不住玩第二遍。因此，游戏过程和场景必须多样化、不枯燥，给玩家足够的新鲜感，进而留住不同水平、不同偏好的玩家。因此，重复性是所有好游戏的核心特征，它直接关系到游戏生命周期的长短。

（2）结果的不可预测性：这也是本节所讲述的核心内容。在游戏过程中可能遇到的对手、击败对手之后的收获、收获的数额等都具有不可预测性。这让玩家在游戏过程中始终保持一份期待，即便是相对单调的重复也会因为随机奖励而持续。这种随机性增加了游戏的不可预测性，丰富了游戏的可玩性和观赏性。

游戏设计师们能够利用随机性的特质为玩家提供各种选择，而这些选择的背后则对应着不同的结果。这种对于未来的不确定能够大大激发玩家的游戏兴趣，并让玩家的行为与游戏策略变得多样化 。

如今非常流行的射击类沙盒游戏就是一种随机性颇大的游戏，游戏中的毒圈、轰炸区、装备、空投、敌人在地图中的分布等都让游戏充满了不确定性。对于过程、结果都不确定的事件，人们总是不由自主地去尝试，并且乐此不疲。每次都不一样的体验，使玩家避免过早对游戏产生疲倦。

（3）沉没成本：也就是已经投入的时间和金钱，

以及伴随投入而获得的游戏等级、技能等。随着玩家时间投入而建立起来的“技能库”，使他们成为厉害的玩家，成就了他们的“江湖地位”。这一地位可以牢牢地拴住玩家，使他们迁移或放弃游戏的成本变得越来越高。

■

最后，需要指出的是，即便我们证明了网游可能使人上瘾这一特征，并揭示了游戏设计利用人对“随机性”痴迷的特点这一现象，但这些都只能说明游戏设计者努力吸引玩家投入更多时间的动机，却不能证明这是游戏使人成瘾的根源。我们真正要思考的是，为什么许多人都在玩同一款游戏，而沉迷其中的人只占少数？因此，游戏的成瘾问题，还应该考虑“游戏之外”的影响因素。

习得性无助后的“逃避”

下面是我与一个大学生玩家的一段对话：

我：游戏吸引你的地方是什么？

玩家：现实里有太多想做但做不到或不能做的事，

我需要发泄这种压抑的情感，而游戏可以满足我需要的一切。或者说，只有游戏，还有一些网络小说能够满足我这些梦想。有时候感觉游戏里的主人公就是自己的替身，它代替我们去经历，去体验，去实现自己的愿望，或者满足我的想象。

我：玩游戏会上瘾，你知道吗？

玩家：当前很多人说游戏是“精神鸦片”，对其深恶痛绝，恨不得游说政府把游戏公司全关闭了。其实说实话，游戏再好玩，它们的吸引力也是有限的，过了兴奋期就会腻，甚至觉得无聊。所以，如果一个人沉溺其中，废寝忘食，一定有什么原因促使他这么做。

我：你提到的“促使”他们这么做，会有什么原因呢，能举个例子吗？

玩家：（笑）你一定觉得我在为玩游戏辩解。那我先问你，你身边就有很多玩游戏，同时学习很好的同学，甚至有的还是“学霸”。你怎么解释这种现象？

我：的确是有那种游戏、学习两不误的人。可能是他们自我控制、自我管理能力比较强吧。所以能够很好地平衡学习和游戏。

玩家：你把这两种能力的因果关系弄反了。游戏会占据我们学习、运动的时间，但不是因为游戏太好玩而占据了所有的活动时间，而是在游戏占据所有活动时间之前，这些活动早就失去了意义。换句话说，我们就是无事可做才选择玩游戏的，过度的游戏本身就是生活中的空虚导致的。

我：你说的活动失去意义，是指什么呢？

玩家：在玩游戏之前，其实我也努力过。我也不想当“学渣”，不想被人说自己不够努力。于是我付出很多的努力去学习，相信自己只要付出总有回报。但是，即便这样，我仍然排名处于中下水平。可是，很多人，包括父母老师，都批评我甚至挖苦我，说我不努力，他们不愿意承认我一直在努力却没有取得成果。经过几次尝试，我开始怀疑自己这么做的目的。我想，既然我这么努力还是排在后面，那么我这么辛苦干嘛？我考试只需要60分就够了，而如果取得60分，对我来说是比较轻松的事，我这么辛苦为难自己的目的是什么？

我：……

对话的最后，我无言以对。这让我想起自己曾经多次申请国家级课题失败的经历，想起论文投稿后被无情拒绝的难过，那种多次拼尽全力但仍失败的沮丧心情，曾经一度让我怀疑自己的能力，怀疑我是否适合做科研，甚至一度动了放弃的念头。现在想想，有时候离真正的放弃可能就是一步之遥。

■

与这位游戏玩家的对话使我理解到，要戒除网游成瘾首先要探讨游戏沉迷背后的个人心理原因。其中很重要的一点，就是习得性无助感（learned helplessness）。人屡次尝试后的失败使他们丧失了努力的动力，失去了生活的目标，而游戏却能恰好抚慰他们失败后的心情。

1967年，美国心理学家马丁·塞利格曼（Martin Seligman）以狗为对象，做了一系列实验。实验基本操作是：实验者先将狗关在无处可逃的笼子里，蜂鸣器一响，就会电击它们；最初狗在遭受电击时上蹿下跳、惊恐哀叫，疯狂寻找逃出笼子的方法。但是因为笼子紧锁，它不可能成功。在重复多次这一体验后，实验者尝试打开笼门或扩大笼子范围，让狗拥有逃避的自由和空间，接着再向其施加电击。他们预期此时的狗会选择逃跑，但他们惊奇地发现狗在这个时候非但没有逃跑，甚至都没有尝试做出任何努力去寻求解脱。它们甚至在蜂鸣器响了但未真正给予电击的时候，就已经恐惧得先躺倒在地呻吟、哀嚎，然后绝望、无助地等待着痛苦的降临。1975年，塞利格曼在人身上也观察到了习得性无助的特征（Seligman, 1972; Maier & Seligman, 2016）。

这一实验给我们的启示是：如果我们在某项工作上不断努力，却总是失败，那么极有可能会导致我们对自身能力产生怀疑，觉得自己“这也不行，那也不行”。这种心态会让我们在心理上自设樊篱，将失败的原因归结为自身不可改变的因素，放弃继续尝试的勇气和信心。最终走向“破罐子破摔”的消极心态，放弃在这项工作上的努力。

■

游戏，恰恰能够很好地填充人们习得性无助后干涸的内心世界。

相比现实世界的复杂、模糊、不确定，游戏世界是一个有限的、简化的，并且具有明确任务和规则的世界。作为庞大的现代社会的一员，我们每个人获得反馈的过程往往十分缓慢，并且很多时候获得的是负性反馈。我们永远有把事情做得更好的空间，有怕做事不完美而被责备的恐惧。这些让我们生活在压力之中，并在内心产生一种对现实的无力感。

我们喜欢立刻看到自身的行为带来的积极结果，这种需求恰恰能在游戏的世界里得到满足。在游戏里做的事立马能得到反馈，比如经验值增加、金币奖励或者级别升高。在一个人处于习得性无助的心态下，网游能够很好地满足我们的这些需求：网游玩家可以选择不同的难度级别，他们总能获得属于自己的快乐。在他们获胜时，就会产生强烈的喜悦和久违的成就感。这一过程可以有效地纾解因为失败造成的无助感与绝望感，获得现实生活中无法获得的自由与满足。于是，玩家可能会不断追求这种愉悦感觉，导致玩游戏的时间越来越多，最终形成恶性循环，发展成网游成瘾。

同时，在游戏的世界里，人们不用真正承担由游戏行为导致的后果，因为一切都是虚拟的。玩家会面对游戏胜负的结果，但即便输了还可以点击"再来一次"轻松复活，再次进入游戏。因此，游戏提供了一种低成本、低风险的行为尝试，它能给玩家带去成就感，同时也没有太多失去的风险。当个体在现实生活中受挫，玩游戏可以是一种短暂的逃避现实世界的方式。玩家可以在游戏里建立自己的社交网络，可以让自己的等级不断提升，进而更有力地面对持续的挑战，找到个体存在的意义。

青少年处于身心迅速发展的时期，他们自我控制能力弱，面对挫折的解决策略也比较贫乏，这个时候生活的挫折非常容易让他们产生挫败感。如果失败后，面对的不是鼓励尝试的支持，不是缓解坏心情的安慰，而是父母的苛责、同学的嘲笑，那么他们非常容易产生习得性无助。

现实世界和游戏的虚拟世界本可以平行存在，但现实世界的“打击”和虚拟世界的“奖励”逐渐拉大了二者的差距。当虚拟世界逐渐取代现实世界，就表示真正的问题出现了。数字时代让青少年非常容易接触网络，因此，在受挫折之后，最容易给他们带来成就感的往往是游戏。这也导致他们更有可能发展成网游成瘾者。

■

本节内容的核心是想提醒人们：即便未来网游成瘾最终被美国精神医学学会或世界卫生组织正式列为精神障碍，我们也必须保持一个清醒的认知：游戏不是洪水猛兽，玩游戏的人很多，真正成瘾的只是极少数人。如果我们遇到问题时（如发现身边的人网游成瘾），只是简单地把玩游戏和网游成瘾必然地联系起来，而忽略了对游戏主体的关注，那么我们只会在表面上简化问题，不能真正找到造成这一现状的根源，反而不利于问题的真正解决。面对网游成瘾，一味推卸责任，找游戏公司“背锅”，不是真正的解决问题之道，找到问题的根源才能彻底解决问题。

因此，当家长发现自己的孩子开始沉迷游戏的时候，应该及时地反思自己是否在孩子形成习得性无助的过程中曾经产生过某些消极的影响。只有真正找到他们沉迷游戏的根源，一切的干预和治疗才具有意义。

家庭教育问题的“反射”

一个孩子写给父母的信：

从小时候开始，最害怕你们以爱的名义要求我为你们做任何事情。

幼小的我根本无力反抗，只能听从，

你们惩罚我的方式像魔术师的口袋，

花样百出，防不胜防，

任由你们打着“为你好”的名义，对我的生活指手画脚，横加干涉。

我只是你们的傀儡，表演出你们希望的小丑模样。

所以，你们不明白我为什么喜欢游戏，

因为在那片土地上，我是王者，是主宰，

没有人对你指手画脚，

没有人指责你三观不对，没有人说你是异类。

或许，别人说我们沉迷，

但，我们沉迷的不是游戏，

而是游戏给我们的那种归属感和自由感，

沉迷的是那份朋友的关爱和自由的感情，

我愿意沉迷在，我能决定的生活里。

■

我们来看几个一度让网游登上风口浪尖的案例。

浙江杭州：13岁男孩痴迷玩网游，被爸爸骂之后，愤然跳楼摔断腿。

海南海口：12岁学生用4万元打赏游戏主播，而这是做环卫工的母亲辛苦多年的积蓄。

江西新余：13岁女孩独自坐火车去温州，目的是和网友玩网游。

仔细探究这几个案例，我们发现几个共同点。

首先，这些孩子的家境并不富裕。我们反思：贫穷是孩子花钱大手大脚的原因吗？答案显然是否定的，“穷人家孩子早当家”，很多出身贫寒的人都十分节俭。因此，我们需要继续往下剖析。

其次，这些孩子的家长都忙于生计，没有时间管孩子。家长们忙到连自己的银行卡被孩子盗刷都觉察不到，忙到没有时间和孩子相处；仅有的空闲时间宁愿浪费在看电视、闲谈、刷短视频上，也不愿意去维护亲子关系。当然，维系家庭所需要的某些要素，比如心灵沟通、相互信任都严重缺乏。

再次，家长管教孩子的方式往往简单粗暴，缺乏耐心和策略。在孩子出现问题后，有的家长选择了报警，要求把孩子抓起来教训一下；有的讨伐游戏平台，要求把钱退回来；有的选择暴力管教，一顿暴揍发泄愤怒。他们很少会反思：自己给孩子的照顾是否缺少了什么？自己在建立亲子关系上是否有需要改进的地方？

最后，家长习惯推卸责任。他们认为孩子出问题了，肯定是外界的责任。于是，游戏平台就成为首当其冲的对象。其实，他们忽略了一个问题，自己才是孩子的第一看护人，也是孩子问题的首要责任人。

说得极端一点，这些孩子哪怕没有沉迷网游，也有可能沉迷其他的事物。因此，根本问题并不在于这个社会上存在哪些吸引孩子的东西，而在于家庭并没有给孩子恰当的引导，没有满足孩子被爱的渴望。网游只是孩子在解决当前自身心理问题时的选择而已。

■

当父母责怪游戏公司的“无良”时，应该反思自己在孩子游戏成瘾的发展过程中充当着怎样的角色，不能一味地把责任推给社会和游戏，而将自己置身事外。2018 年 10 月 24 日，《中国青年报》刊发的《网络只是父母教育缺位的替罪羊》一文尖锐地指出了父母教育缺位在网络过度应用中的作用。文章指出，网络没有错，它是一个客观存在；孩子更没有错，他是一张白纸；是父母错了，网络不过是他们教育缺位的替罪羊！

综合国内外研究，下面几个方面值得做父母的注意：

1. 父母自身就是网络重度使用者，孩子模仿了他们的行为

孩子迷恋网络，很多时候源于父母。一些父母本身就是网络重度使用者。在孩子小的时候，妈妈就

常常拿手机刷朋友圈、网购；爸爸一有时间就玩游戏，对孩子的需求也是各种敷衍。孩子将父母作为榜样，父母的行为方式可能就是他们未来的生活模式。

2. 日常教育中过度压制孩子天性，让网络成为孩子的自由空间

孩子的世界绝对没有我们想象的那么简单，他们承受着来自各个方面的压力，学习成绩仅仅是一方面而已。当孩子无法处理各种事务时，往往会到网络里寻找安慰。要想让孩子不要沉迷于网络，父母需要用心去聆听、观察、揣摩和进行有效沟通。

在游戏中，玩家能够抛掉现实生活中的一些束缚，进入虚拟空间，按照一定的规则参与活动，并获得实时反馈和评价，这种解放天性的活动极具趣味性。我们从小都是通过游戏活动认识世界并参与社会交往的，童年生活少不了“老鹰捉小鸡”“捉迷藏”“丢手绢”等传统游戏。手机游戏是将游戏移植到了数字平台，其数字化算法能让玩家以更快的速度得到反馈和评价，进而调整游戏任务的内容及难度，极大提升专注于某事而忘却时间的心流体验。

现实越是压抑，孩子就越容易沉溺在游戏世界里。在面对网游成瘾的孩子时，如果父母只是带着想要“纠正”错误的态度去训斥，不去聆听、观察、揣摩和进行有效沟通，就无法解决问题。简单粗暴的断网只会增加孩子的无助感或逆反心理，进一步强化游戏在他们心中的地位。

3. 缺乏给孩子的情感支持，忽视孩子渴望被关注、被爱的情感需求

每个人都具有上进心，但不是所有的努力都会获得成正比的回报。有时候孩子努力了，却可能只有一点回报，甚至没有任何回报。这个时候，如果父母开始谴责孩子，容易让他们开始怀疑自己努力的真实性和意义。当他们内心深处本就为自己的努力得不到回报而苦恼的时候，大人们的质疑和责备只会成为“压死骆驼的最后一根草”。

每个孩子最初都是相信父母的，他们向父母敞开胸怀，相信父母的支持是他们和这个世界进行斗争的信心和勇气。而如果当他们面对外部生活学习的压力筋疲力尽，渴望父母的温暖和安慰的时候，父母却用嘲讽和责备的话语让他们雪上加霜，他们便会陷入迷茫，陷入无助。当他们无法及时获得父母的社会支持，没有足够的勇气和信心面对困难和挑

战，当他们的希望之火破灭的时候，“破罐子破摔”会成为很多孩子的最终选择。

■

综上所述，并不是要把孩子网游成瘾的所有责任都推到家长身上，而是要强调：在孩子成长的过程中，当他们遇到困难挫折时，家长如果不能及时给予有效的支持和关爱，反而扮演失败“帮凶”的角色，只会将孩子进一步推向网游成瘾的深渊。

社会评价体系的“单一化”

在美国，很多家长会选择游戏机作为新年礼物送给孩子。所以，每到新年的时候，各种游戏设备的销售额都会有一个飞速的增长。可见，玩游戏几乎是大多数美国孩子的“标配”。虽然说美国家长也会对孩子过多玩游戏而不满，但相对来说，整体上还是比较能接受孩子玩游戏，愿意让孩子享受自己喜欢的东西。

在我国，不仅是孩子，即便成人偶尔玩一下游戏，也常常会被认为是玩物丧志。产生的结果往往是，孩子在儿童期较少接触游戏，成年后，一旦有合适的机会，就会很容易走向游戏沉迷的境地。我们在研究网游成瘾的过程中，招募过一些大学生被试，不少都是非常优秀的孩子。他们从小非常听话，父母不让玩游戏就不玩。有些则是父母想尽一切办法使他们远离与游戏相关的信息，以免干扰学习。但是，他们进入大学后，父母的管教和监督不复存在，就很容易被游戏所吸引，开始沉迷游戏，导致成绩直线下降，严重的甚至出现退学现象。

■

社会评价体系在网游成瘾的形成中发挥着推波助澜的作用。

根据目前各类媒体报道和科学报告，网游成瘾这一现象在东亚地区，比如中、日、韩等国是比较普遍和严重的；尽管网游成瘾在欧美等国也存在，但并不是十分严重，尚未引起强烈的社会关注（Stevens et al., 2021）。其中一种解释是，这个现象在很多欧美国家并未引起足够的重视，因为他们并不严格限制孩子玩游戏，甚至在很多国家，平板电脑等设备都是孩子的上学必备品。孩子较早接触网游、体验网游，成为网游成瘾者的可能性反而更低。

如果梳理当前对网游成瘾的研究，我们会发现一个倾向：欧美国家的研究更多集中在游戏中的暴力内容是否会影响玩家的暴力行为，色情内容是否会给玩家特别是青少年玩家造成负面影响，对男女角色在着装等方面的刻板印象（比如女性角色大多衣着暴露，突出性感特征）是否会影响玩家的观念或行为，而在网游成瘾的危害上，讨论的相对较少。

反观东亚地区（主要是中、日、韩三国）的研究，更多集中在对网游产生的负面影响上，如对学习成绩的影响、对工作业绩的危害等，研究内容包括对大脑的损伤等。对游戏中的暴力、着装暴露等问题则较少关注，可能是由于在东亚文化中，人们更多相信相关管理部门会对游戏的这方面内容进行审查和限制。

从这里我们可以看出不同文化对网游成瘾这一问题关注点的差异。这一差异植根于不同的文化之中，甚至影响着网游成瘾的形成。例如，在我国，社会对人生成功的标准比较单一，“万般皆下品，唯有读书高”。这一思想反映在教育上，就是让学生把大量时间投入到学习上。过度的课业压力，让学生很少有机会去发现和实现自己的兴趣爱好。当枯燥的学业压力和充满诱惑的游戏同时出现时，学生会毫不犹豫地选择游戏。在现实中我们只是工具，在游戏里才能活出自我。假如我们有更多的课业之外的爱好，就可以有更好的宣泄压力、培养兴趣的方式，有更多的资本来对抗游戏的吸引力。

对于成年人而言，在工作之余放弃娱乐，将全部精力放到提升自己的能力上，实现个人抱负是普遍期望。在这种语境下，对玩游戏污名化也是理所当然的。我们培养孩子的目的更多也是希望他们未来从事收入优厚、体面的工作，获得更高的社会地位，但是却很少考虑用“一个人是否幸福”的指标来考察教育成果的成败。

在中国文化中，这种思想根深蒂固，潜移默化地影响着我们。我们绝大多数人，无论是否认同这种观点，是否对这种观点有所警觉，都在有意无意地维护着这种倾向。

目前没有调查数据说明具体多少人上大学是为了追逐自己的梦想，并且读大学之后非常喜欢自己的专业。但很多人上了大学，甚至走上社会开始工作之后也没有弄清楚自己真正想成为怎样的人，自己真正喜欢什么。很多学生在考取大学之后，发现根本不喜欢自己的专业，而一旦失去了严格的外部环境压迫，陷入了大学生活的迷茫状态，就容易失去人生的目标和动力。这种状态下，逃课打游戏成为一个很容易出现的选项。

此外，学业的压力不断增加，孩子们像小时候一样玩耍的机会越来越少，与同龄人深度交流的机会也越来越少，当现实中正常的社交需求无法得到满足时，孩子们常常转而寻求网络的慰藉。这为网游进入孩子们的生活提供了巨大的机会。

所以，如果要对网游做出公正的评价，首先必须破除这种一元化的评价体系。正如本书关于游戏的章节里所介绍的，以游戏为代表的一切娱乐活动是人的一种正当精神需求。一味地污名化这种精神需求并不能解决任何实际问题。某些社会舆论对网游的口诛笔伐，其本质上还是对新生事物的恐惧。当然，在为网游正名的同时，也必须清楚地认识到其作为新生事物，同样存在一些需要被正视的弊端。

■

基于对网游成瘾的科学研究，应有一整套防控、治疗网瘾的科学机制。网游成瘾干预是一个严肃的反成瘾社会问题，不该被轻视，更不能陷入"家长管不好孩子才怪游戏"的怪圈。

我们不能一棍子打死整个网游行业，但是也应该警醒，如果网游产业畸形发展，可能带来严重的社会负面效应。因此，国家和社会层面的防止网游成瘾的政策法规也应尽早出台。这样才能约束游戏开发者和运营商的逐利本性，规范市场行为，使网游在政府严格管控下健康运行。

生活压力的“宣泄”

一位女士的倾诉：

我的男朋友是一名程序员，平时就喜欢玩玩游戏。他说自己从小就是玩着游戏长大的，玩着游戏考上大学的。应该说，游戏并没有对他的生活造成多大影响。但自从换了一份“996”的工作以后，他玩游戏的时间迅速增加，已经表现出不可控的苗头。以前每次下班回家，他还会帮忙做一些家务，偶尔陪我出去逛街或者看电影。现在他每天下班时间都很晚，回家之后基本是一屁股坐在沙发上，一脸疲惫地拿出手机开始玩游戏。我看他累就没有阻止他，但是他在周末也是一直玩游戏。

我劝他减少玩游戏时间，但根本没用！他说玩游戏可以缓解工作压力。我觉得他已经有成瘾倾向了，开始频繁地劝他少玩，结果却经常因此吵架。周末是难得没有工作安排的时间，但他依然用大把时间玩游戏。我很疑惑工作的压力是不是真的只能通过玩游戏才能放松？玩游戏真的能让人放松吗？

一位父亲的描述：

儿子高二的时候，学校对学习抓得非常紧，学业压力很大。为了减轻他的学业压力，我允许他在做作业中间休息的时候玩一局游戏，目的是帮他转换一下头脑。不料，他对游戏的欲望却越来越强烈，先是恳请多玩一会儿，到后来开始走向对抗，然后就是不让玩游戏就不做作业的状态。现在，他玩游戏的行为已经逐渐失控，脾气和耐性越来越差，打篮球、游泳等日常体育活动都很少参加了，成绩也有了明显的滑落。我非常担心他未来高考的发挥。感觉我们这些年的努力可能都白费了。

■

现代人的生活里充满了各种各样的压力，孩子也不例外。

学习成绩跟不上，会有学业压力；入不敷出的时候，会有经济压力；朋友间或同事间关系的冲突，会有人际关系压力；到了适婚年纪仍然单身，会有被催婚的压力；成家后，又有买房买车的压力，抚养孩子的压力……可以说，人生中压力无处不在。

压力是一种能够扰乱正常身体反应的刺激，它是我们对难以把控的刺激所做出的适应性反应。它是我们身体随着进化而带来的复杂的应对策略，可以帮我们更好地适应环境变化。例如，你已经实现了财务自由，花钱的问题不需要你额外担心，它对你就不是压力。但是，对于收入不高的人来说，需要不停地工作才能维持正常生计，那么这个时候就能感受到压力了。

压力会引起身体的应激反应。当我们感受到压力的时候，我们会将其解释为威胁性刺激，于是激活杏仁核（amygdala）、下丘脑（hypothalamus）、脑垂体（pituitary gland）等大脑器官，它们会释放激素来应对这些应激反应。例如，脑垂体会释放促肾上腺皮质激素来激活肾上腺，肾上腺释放肾上腺素和皮质醇，使心率加快，血压上升等。同时，压力也会引起情绪和心理方面的问题，杏仁核激活下丘脑和脑干应激通道，导致前额叶调节功能丧失，进而导致人的反应模式依赖于情绪性的反射性本能反应，而不是深思熟虑的认知调节（Roozendaal, McEwen, & Chattarji, 2009）。

一个人承受的压力越大，身体和心理的反应就越强烈，那么就越需要一种宣泄渠道来缓解压力。因为，如果一个人在某个方面感受到压力，那说明在这个方面存在一些他解决不了的问题，需要通过另外一种渠道来释放。如果这个人本来就是一个游戏爱好者，那么他过度使用游戏的可能性就会增加，因为游戏的过程可以让人暂时把烦恼的问题抛之脑后，在一定程度上似乎解决了这个问题。但是，这更多是自欺欺人的策略，是暂时的逃避，因为问题并没有得到根本解决。当他结束游戏之后，重新回到现实世界，可能面临更大的压力，因为问题不会因为逃避就自行消失。

压力会让人焦虑、产生不安全感，而人越是没有安全感，就越会追求短期的快乐。短期的快乐让人体验到掌控力和成就感，而这正是处于压力下的人缺乏的。游戏就是如此，在游戏中一个人可以感受到对世界的掌控能力，进而获得心理上的满足。因此，一个人越没有安全感，就越容易迷恋虚拟世界的舒适体验，越不愿意面对残酷的现实。这种行为发展的结果可能是，面对游戏的时候精神抖擞，面对现实的时候黯淡无光。人会逐渐失去解决困难的勇气，在逃避的旋涡里越陷越深，玩游戏的时间越来越长。

此时，工作变成了索然无味、需要消极应付的活动，因为它是压力产生的来源；而游戏则恰好相反，它是自信心和控制感的来源。很多人在此时仍能提醒自己，这样是不对的，但是这种虚幻的安全感的诱惑力太大了，大到可能随时冲垮自我控制的大坝。甚至，如果没有下班后游戏世界带来的短暂快乐作为支撑，很多人都不知道如何去应付烦躁且充满挫败感的工作。这时候，他就可能游走在网游成瘾的边缘，一旦把控不好就可能掉进深渊。

■

压力会增加人们游戏成瘾的概率，因此恰当地应对压力，是有效抑制网游成瘾的策略之一，特别是对那些重度游戏成瘾玩家而言。

首先，当我们感受到压力时，要努力让自己融入丰富的环境里，防止窄化思维。对动物的研究发现，如果动物被安置在丰富环境里，他们对成瘾类药物的需求就会减少。在人类身上的研究也是如此，丰富的环境能减少人们与成瘾相关的行为。丰富的环境会对人生理上产生影响，比如与突触传递、蛋白质产生、细胞结构和代谢相关的蛋白质基因都发生了变化。这都表明，积极丰富的生活条件可以改变大脑的化学过程，减少人们成瘾的概率。对人而言，要走出一成不变的环境，给生活另外一种可能。到陌生的地方走走看看，多抽出时间和朋友聚聚，可以打破我们既有的认知，减轻感受到的压力，在一定程度上克服对游戏的依赖。

其次，学会和压力做朋友。美国心理学家凯利·麦格尼格尔（Kelly McGonigal）认为，影响人类健康的不是压力本身，而是认为压力有害的想法。也就是说，如果你知道压力的存在，但是你很好地去面对它，那么它对你的影响会很小。如果只关注压力的负面作用，而不去克服和控制压力，压力的害处便会得以显现（McGonigal, 2013）。因此，我们要学会跟压力相处，勇敢地面对压力，积极地尝试解决和消除压力，这样压力对我们的消极作用就会降低。例如，工作或学习上遇到压力，我们更应该分析造成压力的原因，想办法去直面它，想策略去解决它，而不是通过玩游戏等方法去逃避或消极应对。

最后，无论如何，不要用游戏来对抗压力。紧张刺激的游戏的确能让人集中精力，肾上腺素上升，仿佛有一种打完一场篮球之后大汗淋漓的感觉。但是，这种感觉其实是不真实的，它只是神经系统产生的内啡肽或多巴胺，让我们感到暂时愉悦；它只是暂时转移了注意力，并没有真正解决问题。要真正排解压力，需要我们直面问题，改变心态，多放松休息。

游戏中互动的“绑架”

早期的游戏，大多限于玩家与游戏世界之间的互动，比如《超级马力欧》《红色警戒》等单机游戏。这些游戏的共同点是，玩家需要通过闯关进入下一关。这一个个关卡就是玩家与游戏世界互动的核心点。但是，游戏的最终结局都是已经设定好的，区别是每个人达到结局的过程不同。

不过，随着网络技术的发展，出现了新的互动模式，游戏的结局越来越开放，故事结局的可能性越来越多，甚至每个人在游戏中的结局都是不一样的。游戏的互动模式也开始走向多元，出现了不同玩家之间的互动。他们作为同盟或对手而存在，游戏的核心从人机博弈转变成人与人之间的博弈，它更接近人类互动的本质，对玩家也更具吸引力。

再后来，互动的模式进一步扩大，变成多人协作的群体互动游戏。玩家在游戏中需要结成联盟，相互掩护，相互救援，共同闯关。游戏成了更大范围的群体互动过程，游戏的感觉也更加类似大型的战争场景等，让人体会到更真实的代入感。有游戏开始出现玩家角色扮演等，还有游戏将协作精神发挥得淋漓尽致。只有彼此支持、同舟共济才能通关，组队“开黑”逐渐成为游戏的发展趋势。

这类游戏需要团队具有较高的凝聚力，游戏设计者很少制造单个玩家与单个玩家的对抗，更多的是制造团队与团队间的群体对抗。这样，单个个体游戏技能的重要性降低，团队凝聚力成为战斗能力的关键要素。这些内容，在大大丰富了玩家游戏体验的同时，也让玩家在游戏中获得了前所未有的参与感和协作感，进一步增强了游戏的黏性，抓住了玩家的时间和精力。

为什么网游里这种互动和反馈机制让人如此上瘾呢？因为它满足了我们内心深处的需求。

■

互动过程会让玩家获得良好的自我价值感。

俗话说“人贵有自知之明”，它是强调一个人对自己恰当评价的重要性。但遗憾的是，人们很难对自己有准确的评价。我们的评价很多时候是通过与他人行为的对照和对比形成的，甚至是建立在他人对我们的看法之上的。于是出现被夸奖就开心、被批评就郁闷等受他人影响的情形。心理学家发现，人们更乐意采纳关于自己的积极正面的评价。也就是说，别人夸我们，我们认为他夸得很准确；别人批评我们，我们会非常敏感，认为他们的批评是带着恶意的，因为它带来的刺痛是很扎人的。于是，我们努力回避负面评价。

现实生活里我们掩盖自己缺点、展示自己优点的机会较少，而且原有的特性或习惯也很难改掉。但是，在网络中，我们只需要展示自己的一个侧面就足够了，因此我们有机会把它优化。比如人们在社交平台分享自己的照片前，总是要美化照片，包括重塑自己的身材，修改自己的脸型，让自己呈现出更好的状态。因为这些将获得他人更多正面的评价，进而提升一个人对自己的整体评价。甚至时间久了，很多人认为那个经过修饰的完美的自己才是真正的自己。

游戏同样也是如此。有经验的玩家在游戏中干练地组织协调、分配任务、制定战略等，可以收获更多的积极评价，比如被称为“大神”“大佬”等。游戏可以提供现实世界里难以获取的成就感和把控感，它能让人感觉良好，自我评价上升，信心满满。

■

遗憾的是，为社交而玩游戏会让人更容易沉迷。

尽管大型多人网游基于不同风格的背景、故事，呈现不同的图像和声效，但如果仔细分析它们的内核，就会发现不同的网游基本具有相同的结构：一连串的任务，玩家之间远程互动，在游戏内互相支持。甚至，这种互相支持还会发展到游戏之外，发展出游戏社群，线下的游戏交友等，产生进一步的扩展效果。

让人上瘾的网游一般具有几个关键特点：一是沉浸式体验，也就是让人仿佛置身游戏之中，它会满足我们的感官刺激；二是付出与成就，也就是在网游世界里，玩家的付出会获得成就和回报，让他们感觉能够实现理想；三是美好的社交体验，这甚至是最重要的一点。玩家在网游中与一群有相同爱好的人实时沟通，密切配合，让网游的吸引力大增，致人成瘾的可能性也大增。

“酒逢知己千杯少，话不投机半句多。”现实中，我们周围的人不一定和我们有同样的兴趣，也不一定有共同语言。因此，我们在日常社交中常常需要收敛自己的本性，戴着面具和各类人等打交道。但是，网游自动发挥了筛选的作用，游戏里大家具有同样的爱好，聊起来也更有共同语言。玩家之间更容易建立友谊，尽管这种友谊看起来很脆弱。

可以说，网游创设了另外一个虚拟的世界，在这个世界里存在着密切的互动。现实中玩家可能相隔万里，互相不认识，但是在游戏里他们是并肩作战的队友，甚至有些网游成瘾者认为与游戏里的朋友在心理上更亲密，更能理解彼此。

■

沉迷网游的人可能难以适应现实生活中与他人的互动。

儿童期是很多认知能力发展的关键期，一个人在此时会发展出许多的心理能力。一旦错过了这个时期，我们就需要付出更多的努力。例如，儿童在四五岁之前可以轻松地学习第二语言，如果错过这个时期，特别是成年以后，再学习新的语言将是一个具有挑战性的活动。同样，社交技能也是我们在青少年时期迅速掌握的技能，它是我们适应复杂世界的关键。和现实生活里的人互动，我们需要设身处地地站在对方的立场思考问题，很多时候要控制自己的欲望和冲动。但是，如果孩子们减少了这种面对面的互动，他们是否能很好地掌握现实社交技能就难以保证。

很多在虚拟世界里妙语连珠的人，在现实生活中遇到他人可能不知如何开口。有科学家观察了数十名具有这种情况的青少年，发现他们在网上交流没问题，但面对面则无话可说。如果鼓励这类孩子积极互动，场景更会变得非常尴尬，这是因为在网络里待久了，他们缺乏在现实生活中应对人际交往的技能。

因此，网游在满足玩家社交需求的同时也让他们依赖这种社交方式。二者的相互作用会导致他们越来越沉溺游戏，直至走向成瘾。

第三章

网游成瘾的大脑

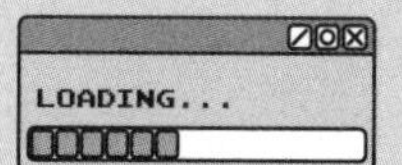

成瘾的科学界定

"成瘾"是一个让人闻之色变的词。其实，人类已经与成瘾性物质共存了上千年。地球上存在着大量的化学物质，其中一部分会以特定的形式入侵人类大脑，使人类对其欲罢不能。这些成瘾性物质，牢牢地掌控着依赖者，让他们的生活失控。例如，酒在各个民族的文化中都有较长的历史，西方典籍中很早就提到人们喝醉酒的情况；印度使用可卡因的历史能追溯到数个世纪之前；烟草在美洲有着悠久的历史，后来随着大航海时代的到来而迅速传至世界各地；19 世纪的西方列强向中国走私鸦片来牟取暴利；再到后来随着化学的发展，合成药物逐渐增加，使得成瘾性物品的种类迅速扩大。目前，成瘾已经成为危害社会经济发展和个人生理心理健康的重要问题。据报道，美国有超过 2200 万 12 岁以上的人属于违禁药品滥用或依赖患者。在我国，尽管这一比例相对较少，但是成瘾性物质仍然威胁着国人的安全。

根据人们的使用方式和目的差异，成瘾性物质游走在毒品和药品的边缘，一边是天使，一边是恶魔。因为，很多成瘾性物质本来是临床药物，它们在治疗和缓解疾病中发挥着作用。例如，阿片类药物（如鸦片、海洛因、吗啡等）具有镇痛的作用；可卡因是一种血管收缩剂，能够减少手术出血；安非他明是一种兴奋剂，可用于治疗多动症等。但是，人们逐渐发现这些药物也具有可怕的副作用，它们能够让人成瘾。

■

究竟什么是成瘾？我们必须给“成瘾”下个定义。要强调的是，我们不能将那些促使人对一种东西表现出某种迷恋的行为，称之为成瘾。对成瘾的定义必须有一套科学而公认的标准，否则我们很可能会滥用这一名词。成瘾是指在较长一段时间内，随着药物的重复使用而发展出的严重的失调行为。这里有两点需要强调：第一，在较长一段时间内，侧重强调这种行为不是短期的单独某一次的表现，而是具有长期性；第二，强调反复使用的结果，多次应用对我们的行为产生了影响，我们对之形成了依赖。

使用成瘾性物质，会使我们产生一种强烈而难忘的快感，它简单而强烈，非常容易让人沉迷其中。一旦人们被这种快感所绑架，就可能会持续性使用成瘾性物质，会主动寻找和使用成瘾性物质。这些行为会严重干扰正常的社会功能：为了获得购买成瘾性物质的金钱，很多人丢掉了工作或者辍学，甚至可能出现偷窃等犯罪行为。成瘾导致一个人对社会和家庭的责任心下降，不愿意承担应尽的义务，甚至走向犯罪的道路。

成瘾的主要后果是人们无法停止成瘾性物质的摄入，一旦停止就会出现戒断反应（abstinence reaction），表现出坐卧不安，浑身难受，身体发抖，精神不正常，甚至有生不如死的感觉。只有在获取成瘾性物质后，才能缓解他们这些强烈痛苦。很多成瘾者要花费数十年，甚至一生的时间与成瘾性物质做斗争，在"戒除—成瘾—戒除—成瘾"的循环中痛苦地挣扎。

■

从20世纪20年代开始，科学家开始对成瘾的机制进行深入研究。动物是人们最常用的研究群体。最初的做法是给动物进行药物注射，观察和测量药物对动物生理和行为的影响。但在这一过程中，动物是消极被动接受药物，这和人类的主动寻求药物存在差异，因此结论受到质疑。后来，科学家发展出动物“自主给药”模式，让动物自己控制药物的摄入。具体操作策略是，动物可以通过自主地按压杠杆获取药物，在它们按压杠杆时有针头扎入体内或预先植入体内的导管会进行药物注射。我们可以通过记录动物按压杠杆的速度和次数等来推理动物想获得药物的渴求程度。

在此基础上，科学家进一步发展实验设计，比如给动物两个杠杆，一个按压时会注入生理盐水，一个按压时会注入成瘾性物质。让动物通过按压杠杆的后果进行自主选择，因为按压不同的杠杆会得到不同的体验。于是我们可以观察动物多久注意到杠杆的区别，通过一定时间内动物按压杠杆的频率等来测量动物对成瘾性物质的偏好。

在这一过程中，动物能迅速将按压行为和获得的愉悦感建立联结，然后这一快感会进一步强化动物的按压行为。于是，动物会出现连续反复按压杠杆的行为，它们为此甚至能忽略食物、水等基本的生理需求。在此类心理学实验中，实验老鼠会把自己的按压行为与获得的快感联系起来，形成奖赏记忆。这个奖赏记忆能让老鼠下次快速准确地体验到愉悦感。科学家甚至观察到，老鼠居然为了获得大脑刺激，在一个小时之内按压杠杆7000次，说明老鼠上瘾了。

人类也是一样的。人们一般可通过完成复杂的任务获得成就感，大脑就通过“奖赏机制”分泌多巴胺。但是，这个获取过程是相当艰苦的，需要经过较长时间的等待，并且获取的快乐并不会持续很久。而如果通过药物、酒精等外部刺激控制了大脑的奖赏系统（reward system），就简便得多，体内的奖赏机制可以随时启动，并不用付出那么多辛苦劳动，且快感持续的时间较长等。网游成瘾也同样是对于人脑奖赏机制的操纵。

因此，判断一种物质是否具有成瘾性，非常重要的方法之一就是用动物“自主给药”模式进行测试。假设有一种治疗抑郁的药物，在大规模上市前要探测其是否具有成瘾性，那么在动物身上进行“自主给药”的测试就十分必要。如果动物表现出对这种药物的特殊偏好（相比生理盐水），那么必须引起警惕，它可能具有一种潜在危险的成瘾性。

动物的“自主给药”模式展示出成瘾的生理特征，揭示了成瘾性物质如何通过与大脑的相互作用让人欲罢不能。同样，这一过程也可以被科学家用来寻找针对成瘾的药物和治疗策略。例如，可以通过阻断或逆转成瘾性药物与大脑受体的结合过程，降低或逐渐摆脱对药物的依赖。但是，目前这些思考更多停留在实验室研究阶段，人类尚无有效的治疗和干预成瘾的手段。

■

成瘾的另外一个重要特征是耐受性。假如我们吃饱了就不想多吃了，下次吃饭也会吃类似的量。但是成瘾性物质却不是这样，长期使用它们会使效果下降或维持作用的时间缩短。而改变方法则是增加使用剂量或者更频繁地使用。这一特征的后果是使用成瘾性物质的量越来越大，个体越陷越深。

除毒品之外，还存在着很多合法的成瘾性物质，例如香烟、酒精等。在很多社交场合会有酒精的使用，它能让人身心放松，活跃气氛，偶尔饮用酒精并不会成瘾。但是，如果多次饮用酒精之后，出现不喝酒就浑身难受，并且需要喝越来越多酒的情况，这就是酒精成瘾了。因此，合法的成瘾性物质也是我们需要警惕的对象。

网游成瘾不是伪命题

在明白了成瘾的特征之后，我们接下来深入分析"网游成瘾"这个词，讨论它是否真的成立，或者它是否只是人们提出的一个称呼，是一个伪命题。

目前，不同的人群对网游成瘾有着不同的认识。例如，网游业内人士和玩家极力否定网游负面影响的存在。如果站在网游行业从业者和玩家的角度，他们在现实利益上会倾向于否认或回避网游对人们现实生活造成负面影响这个话题，这也是符合理性的；社会大众更多是带着谴责的态度看待网游成瘾，更多关注负面信息本来就是社会舆论的特点；相关部门主要从宏观经济角度权衡禁止网游与发展网游产业的利弊；学术界则尝试用证据说明其是否易使人成瘾。

一个不可否认的现象是，当前对该问题的讨论大多数都是基于讨论者本身秉承的价值观，或是牵扯到实际的经济和政治利益，很难跳出自身价值观的范畴。因此，对这个问题的讨论，很容易陷入个人价值观罗列的范畴，难以基于事实判断，存在“位置决定想法”的现象。

其实，即便在学术界内部，对网游成瘾是否真正存在仍然有激烈的争论。美国精神医学学会的《精神障碍诊断与统计手册（第五版）》（DSM-5）将网游成瘾放在第三部分，即需要进一步进行事实验证的部分。而世界卫生组织的《国际疾病分类第十一次修订本》（ICD-11）将游戏障碍列入其中，网游成瘾则属于游戏障碍中的一部分。从这个角度讲，DSM-5 更保守，而 ICD-11 则相对激进。出现这种差异性的原因和前面讨论的“不同立场”的原因是一致的：DSM-5 作为美国精神医学学会的纲领，直接决定着美国的医保、临床诊断政策等内容，它必须慎之又慎。而 ICD-11 并不直接影响某个国家的政策等走向，它只是作为一个疾病划分类别的参考，以引起全社会的关注。

ICD-11 提出游戏障碍的三个基本特征，且至少持续 12 个月以上：

（1）在玩游戏的频率、强度、时长，开始和结束游戏，以及游戏情景上缺乏自制的情况；

（2）将玩游戏的优先级排在其他生活兴趣与日常作息行为之上；

（3）在过度进行游戏导致负面影响后，仍旧会持续甚至加大玩游戏的力度。

综合看，无论是DSM-5还是ICD-11，都列出了区分病理性游戏行为的两条核心特征。第一，不能控制自己的游戏行为，即他们丧失了对自我行为的控制，让游戏完全支配了生活。第二，游戏行为造成显著的负面影响，特别是游戏成瘾者不仅仅是花大量时间和精力玩游戏，且忽略了现实生活，无法再承担以往的社会角色。

这些标准和传统上对物质成瘾的判断十分相似。其中，DSM-5推荐以传统成瘾的标准来判断是否游戏成瘾。在一般人的认识中，对某项事物达到成瘾的标准必须同时符合以下三条标准：

（1）对某项事物产生心理或生理上的依赖性；

（2）无法意识到自己的这种依赖性，或是对依赖性有所认识却无法摆脱；

（3）这种依赖性对正常生活和工作产生了显著的负面影响。（这条最为重要）

■

接下来，我们分析一下上述的三条标准。

第一，成瘾必然的表现是“对某项事物产生心理或生理上的依赖性”。这一点上，网游成瘾人群和传统成瘾人群具有极高的一致性。网游成瘾人群都表现出对游戏强烈的渴求，且在不让玩游戏时容易情绪不稳定、发脾气等；并且，这一行为很容易产生耐受性，也就是玩游戏的时间越来越长。这些都完全符合成瘾的特征。

第二，网游成瘾的表现和传统成瘾也有一定的相似性，即“无法摆脱这种依赖性”。网游成瘾的人迷恋游戏，难以与游戏分离，一段时间不玩游戏就心痒难耐，然后寻找各种机会去玩游戏。而一旦接触到游戏，这种痛苦的心情就消失了。这完全符合成瘾的特征。

第三，“这种依赖性产生显著负面影响”，网游成瘾已经显著影响到成瘾者的生活，影响个体身心健康，甚至影响到他们对世界和生活的看法。它造成成瘾者学业成绩或工作成绩的下降，危害人际关系和家庭关系等。

某种行为产生显著负面影响是判断成瘾的重要前提。举例来说，一个身体健康的人非常喜欢喝可乐，到了每天都要喝几瓶的程度，如果仅此而已，尚够不上成瘾的标准。只有当他不注重其他食物的摄入，因为喝可乐过多导致高血压、严重肥胖、营养不良等一系列健康问题，或是一旦喝不到可乐就心神不宁无法正常生活时，才能被称为“可乐成瘾”。也只有在这种情况下才有进行医学治疗和心理干预的必要。

因此，参照以上这三条标准来评价网游成瘾，就会发现绝大多数人在玩游戏这件事上都是达不到成瘾标准的。大部分人可以正常地生活、工作，包括那些看上去狂热的游戏玩家。据一项发表在《美国精神病学杂志》（*American Journal of Psychiatry*）的大规模网络调查报告，网游成瘾的发生率大约是0.3%—1%（Przybylski, et al., 2017），但因为是网络调查，结果的科学性受到质疑，因为我们无法确认人们回答的真实性。但无论怎样，这仍在一定程度上反映出网游成瘾的比例很低的现实。

既然有了标准，我们就可以在理论上证明网游成瘾确实是存在的，网游成瘾不是一个伪命题。那么在现实中呢？正如很多现实中反映的问题一样，网游成瘾是真实存在的。虽然这听上去让人沮丧，人们会说这不过是一种依赖行为，没有成瘾性物质的摄入，怎么可能成瘾呢？

其实，网游成瘾不是第一种正式被接受的行为成瘾。现实中，早就存在另外一种成瘾形式——赌博成瘾（gambling disorder）。赌博成瘾已经被DSM-5收录，正式作为心理疾病的一种。它和网游成瘾具有极高的相似性，同样没有外部成瘾性物质的摄入，更多是对某种行为的依赖。我们能接受将赌博作为一种成瘾形式，我们也有理由将网游成瘾作为一种成瘾形式。有过赌博或类似赌博体验的人都会明白，赌博项目在本质上就是一种游戏，只不过胜利的奖励和失败的代价都是现实中的金钱。

虽然网游和赌博并不能简单地等同起来，但是我们发现，某些借鉴了赌博元素的网游，确实更容易使人将更多的精力与金钱投入其中，以至于影响到了现实生活而达到了成瘾的标准。因此，通过与赌博成瘾类比，我们可以认为网游成瘾是一种实质上存在的成瘾形式。

■

当然，反对的声音也不少。并且，反对的人极易举出相反的例子，如“钓鱼成瘾”。他们仿照网游成瘾的诊断标准，也提出了钓鱼这类行为可以被判定为成瘾的依据。

（1）迷恋钓鱼的人，对钓鱼这种行为产生心理上的依赖，非常喜欢去钓鱼（对某项事物产生心理或生理上的依赖性）。

（2）执迷于钓鱼行为，对钓鱼行为有强烈的依赖而无法摆脱，一有时间就想去钓鱼（对依赖性有所认识却无法摆脱）。

（3）因为将过多的时间投入到钓鱼行为中，致使投入到工作和家庭的时间减少，引起家庭关系紧张；同时，投入更多的钱购买钓鱼工具，引起经济条件紧张（这种依赖性对正常生活和工作产生了显著的负面影响）。

他们还可以举出更极端的例子，如“学习成瘾”。他们也仿照上面提到的标准，提出学习行为也可以被判定为成瘾的依据。

（1）非常喜欢学习，一有时间就沉浸在学习里，不学习就难受（对某项事物产生心理或生理上的依赖性）。

（2）对学习过程具有强烈的依赖性，只有学习的时候才是最快乐，最投入的（对依赖性有所认识却无法摆脱）。

（3）过度的学习时间，占用了娱乐和运动的时间，造成体质下降，腰酸背痛等（这种依赖性对正常生活和工作产生了显著的负面影响）。

如果按照上述的三条标准，“钓鱼成瘾”“学习成瘾”似乎也是成立的。不光如此，几乎所有的行为，当我们套用这个标准来衡量的时候，发现都能找到类似成瘾的表现。以此推论下去，必然会引起成瘾泛化的现象，最终导致成瘾无处不在。

因此，目前网游成瘾这个概念也存在被泛化使用的趋势。在这种评价体系的重压之下，不少游戏玩家被错误地贴上了网游成瘾的标签。正常的游戏行为，被家长、伴侣、朋友认为是过分着迷的表现。有些人仅仅只是通过玩游戏来回避现实生活中的问题。即使是玩家自己，也有可能会因为舆论压力，错误地认为自己游戏上瘾。这说明，目前对网游成瘾的诊断标准还是偏松了，应该有更严谨的标准，且结合临床诊断进行判断才比较合适。

■

在世界卫生组织宣布将把游戏成瘾列为精神障碍之后，几十位不同背景的学者联名发表文章表达了反对意见。他们的意见主要包括两方面，一是对这一诊断科学性的担忧，二是对社会影响的担忧。

第一个方面，学者认为，游戏成瘾的诊断缺乏足够的临床数据支持，可能存在泛化诊断的问题。另外，很多研究提示，存在游戏成瘾问题的人往往同时具有其他问题，比如抑郁、焦虑、社交障碍、注意力缺陷障碍等。这也提示，游戏障碍可能是其他精神心理问题的表现，而不是单独出现的疾病。

第二个方面，从社会影响的角度讲，因为人们已经习惯把成瘾和毒品联系在一起，游戏成瘾的诊断一出，游戏很可能背上黑锅，被视为所谓的“电子海洛因”。本就存在的偏见可能进一步加深。如果电子游戏真的因此被妖魔化，会使很多家庭本来紧张的亲子关系变得更为紧张，也可能会让健康的游戏玩家背上莫须有的污名。

还有一点值得关注：由于目前对游戏成瘾尚缺乏统一的治疗方案，诊断标准的出现可能会导致过度治疗。一些声称能帮助青少年戒除游戏成瘾的军事化训练中心、电击治疗方法，不仅没有帮到孩子，反而对他们造成了另一种伤害。

奖赏系统：被劫持的快乐源泉

趋利避害是动物的本能，也是我们生存和繁衍的基础。

我们如何记住那些有利的东西或行为呢？答案就

是奖赏系统。它在每一次我们“做对了”的时候给我们一点奖励，让我们感觉到快乐，这种快乐促使我们牢牢记住这种行为。就是说，如果你的一个行为产生了积极的结果，进而给你带来良好的感觉，你就会倾向于一次又一次地重复这个行为。

（1）在一家特色餐厅吃到了可口的饭菜，尽管我们知道自己已经吃饱了，但是仍然忍不住多吃几口。

（2）热恋的人整天“黏”在一起，沉浸在爱情的幸福美好里，尽管知道占用了大量工作的时间，但仍然一刻也舍不得分开。

（3）运动会上你咬牙跑了第一名，站上领奖台接受欢呼的那一刻你感觉十分美好，下次训练更有动力了。

这些让你感到快乐并促使你不断重复的行为，背后都是奖赏系统在发挥作用。奖赏系统会在你每做“对”一件事情之后，给你一点奖励。所谓“对”的标准，不是社会道德和法律所规定的正确，而是对生存和繁衍有利的行为。好的食物可以促使你更好地生存，和异性交往、结婚可以促使人类繁衍。在社会中占据优势会让我们生存得更好，有更多的生存和繁衍机会。

奖赏系统给的奖励不是传统上我们认为的物质奖

励，它包含多个方面。

（1）满足基本的需求。饿了就要吃，渴了就要喝水。食物和水可以满足我们的基本需求，也是促使我们生存和繁衍的强大动力。如果动物不够饥饿，它便没有寻找食物的驱动力。

（2）享用奖励的过程。当我们付出努力，费尽千辛万苦得到食物开始享用时，大脑会产生愉悦、满足等感觉伴随这一享用食物的过程。

（3）精神层面的愉悦。当我们取得了某些成果而获得社会赞许，成功实现了自己的愿望时，我们就享受着这一过程带来的精神愉悦体验。同时，和朋友的一个拥抱、来自他人的一句赞扬的话都会引起我们多巴胺的升高。甚至有研究发现，即便简单的“数钱”动作都能产生快乐进而减轻疼痛。

其中，第一个方面是生理层面的愉悦，它是动物生存和繁衍的基础。而后面的内容，就属于更高层次的追求了。我们的很多行为得益于强化学习，也就是我们的行为会因为后果（奖励或惩罚）而调整，如果某种行为经常受奖励，我们就经常做；反之则会减少。

假如某天我们被外星人劫持了，外星人把我们装到一个笼子里。这时我们又饿又渴，却不知道如何跟外星人交流。为了获得可能的食物，我们着急地对着他们做各种动作，蹦跳、大声喊叫等，然后生气地在原地转圈。这时，外星人突然扔下来一根香蕉。吃完香蕉后你拼命在思考刚才做了哪个动作才获得了香蕉。于是你蹦跳，没有香蕉；大喊，没有香蕉；原地转圈，获得了一根香蕉。经过几次重复后，你了解了转圈和获得香蕉之间的关系。这里，每一次获得香蕉，就是我们被奖赏的过程。这种奖赏让我们深刻地记住了转圈这个行为是“有用”的，我们以后在需要的时候就会完美地重复这一行为。

■

人类社会中的行为，很多时候都比简单地“原地转圈获得香蕉”要复杂得多，它通常是多维度且相互纠缠着的。于是，我们的大脑进化出了一套神经网络来计算和权衡各种因素，捕捉行为背后的利弊得失，最终确定要做出哪种行为。

这个神经网络由一系列的大脑区域构成。它包括皮质区域的眶额皮质、腹内侧前额叶和前扣带皮质，腹侧基底核的腹侧纹状体、腹侧苍白球以及中脑多巴胺能神经元，等等。腹侧纹状体接受来自皮质区域的信号，将信息传输给苍白球，然后通过丘脑将信息传回前额叶。这样就形成了一个信息环路。

奖赏系统给我们的奖励，就是让腹侧被盖区的神经元释放神经递质多巴胺。多巴胺也叫神经递质，是一种神经传导物质，它能释放激活多巴胺受体，进而引起快乐体验。我们所有的外部行为最终被神经元的电流冲动而得到表达。

当我们已经吃饱了，却忍不住多吃的时候，大脑纹状体会分泌多巴胺，让这种愉悦体验来麻痹我们感觉腹部肿胀的大脑系统，进而让我们继续进食，以储存更多的能量。这就是我们忍不住摄入大量营养物质的深层原因。除了进食，饮水、性行为等也都遵循同样的原理，因为它们对我们的生存和繁衍是有益的，奖赏系统会让这些行为感觉良好。

奖赏系统不但激发你单次的行为，它还努力确保你以后会重复这个行为。例如，每次吃火锅都让你感觉幸福满满，那么你总想再吃一次。这是因为奖赏系统不但能够让你感觉良好，它还连接到我们的与记忆和行为相关的大脑区域，让你在每一次的咀嚼、吞咽时都感觉愉悦。于是，我们就采取行动再吃一顿火锅，因为吃的过程总是那么快乐。更重要的是，奖赏系统会促使我们不断重复这一行为，不断巩固二者之间的联系。

■

这种人类自带的奖赏系统是克制且轻微的。它所奖励的都是人们基本的生存需求，很多时候我们都需要付出相当艰难的努力或者等待才能获得；同时，人们要付出很多的努力才能获得的奖励也比较轻微，这轻微的奖励又往往是转瞬即逝的。于是，它促使我们在日常生活中不断努力，进而获得一些奖赏系统给我们的微薄奖励。例如，我们刻苦学习很久，才可能考到一次好成绩；我们努力工作很久才有一次晋升；我们训练了很久才可能获得比赛名次。这种需要长期坚持才能获得奖励的机制让我们成为一个努力的人，然后我们每个人的行为促使了这个社会的正常运转和发展。

但是，成瘾性物质可以轻松打破这一规律。所有成瘾性物质的共同特征就是它们会直接或间接地刺激奖赏系统分泌多巴胺，让人产生愉悦感。它打破了需要克制与等待才能获得奖励的传统机制：一次静脉注射，一次吸食，都可以在极短的时间内让人获得愉悦感，不再需要辛苦地付出和等待；同时，成瘾性物质会过度激活奖赏系统，导致细胞分泌大量的多巴胺，因此它的愉悦感是强烈而持续的，能让人极度兴奋。

成瘾性物质带来的奖励极度剧烈、持久，且不需要付出太多的努力。在它面前，传统上要通过努力和等待才能获得的轻微且短暂的奖励显得微不足道。成瘾性物质极易导致人们过分迷恋这种简单获得的持久愉悦体验，并不停地反复进行这种行为，刺激多巴胺不停地升高。一旦进入了这种恶性循环，人类传统的价值观就会彻底被颠覆，传统上推崇的勤奋刻苦、坚持不懈等社会行为都敌不过一点点的成瘾性物质。很快，寻找成瘾性物质成了不少游戏玩家生活的全部。

成瘾性物质带来的多巴胺的升高会让人产生持续而强烈的兴奋，人们想不停地反复进行这种行为，以刺激多巴胺不停地升高。幸运的是，人体同样有纠错机制，当多巴胺频繁升高的时候，人体中的其他神经细胞就会释放出γ-氨基丁酸（gamma-aminobutyric acid, GABA）抑制感受器神经感受到的过度刺激，强迫你的神经大脑休息，避免因过度兴奋和刺激伤害大脑以及各器官。

但是，在成瘾性物质面前，传统的纠错机制已经无法平息如洪水般汹涌的多巴胺频繁升高。于是，大脑会通过降低多巴胺相关细胞的数量来降低多巴胺带来的刺激强度，以应对多巴胺过多的现状，减少下一次多巴胺的大量涌现对大脑及身体器官的伤害。这一操作很好地保护了我们的大脑，但这对成瘾性物质使用者来说，则产生了耐药性。于是，他们只有通过加大剂量来达到刺激强度，进而导致成瘾程度越来越深。随着大脑持续接触成瘾性物质，负责判断和记忆的大脑区域也发生了变化，这种行为的多次重复，使成瘾者无法自拔，最终难以戒除成瘾性物质。

这时候，因为多巴胺系统的敏感性降低，那些给成瘾者奖赏的传统行为根本无法引起他们任何的愉悦，他们彻底失去了常规生活的乐趣。

■

上面用大量的篇幅解释了成瘾的机制，以及成瘾性物质如何劫持了人类的奖赏系统，使人沉溺于简单且持久的快感中，进而失去在生活中追求成功与荣耀的乐趣。其目的是想在介绍网游成瘾之前，明白成瘾的原理，以便更好地理解网游成瘾。

网游成瘾和传统成瘾不同。如上所述，传统成瘾的特征是成瘾性物质劫持了人类的奖赏系统，使我们对这类物质产生依赖。但是，玩游戏仅仅是一种行为，在玩游戏过程中不需要输入成瘾性物质，更不存在成瘾性物质劫持奖赏系统的过程。它似乎和传统上我们通过一定的努力和等待，然后获得奖赏的过程一样。不同的是，这是一种通过网络进行的游戏而已。

那为什么网游依然会让我们成瘾？答案是：网游虽然没有成瘾性物质的化学特性，但它同样劫持了我们的奖赏系统，这是网游的特点决定的。

网游公司通过巧妙的设计，特别是即时反馈、随机奖励、社会互动等特征，牢牢地吸引着玩家，让他们在游戏上花费更多的时间和金钱。通过在恰当的时机给予恰当的奖励，通过计算何时玩家出现疲倦反应，然后及时给予奖励等策略，在任何一个玩家可能放弃的时间点之前给予恰当的反馈，特别是随机化的奖励等，让玩家能够继续玩下去。

在玩家玩游戏的时候，游戏的各类反馈系统让奖赏系统十分活跃，持续分泌大量的多巴胺，让玩家得到持续的快乐。同时，那些长期玩游戏的人对待奖赏，特别是与游戏相关的奖赏十分敏感。例如，即便只是看到一张游戏图片，网游成瘾者的奖赏系统也会非常活跃，能使其产生快感。甚至，不论是看游戏图片，还是玩游戏，他们都能给玩家带来快感，而这种快感又促使他们更多地重复这种行为，以获取更大的快感（Zhou et al., 2021）。

这种可以即时获得反馈和奖励（尽管这个奖励仅限于精神层面）的行为，同样也会劫持奖赏系统。我们日常必须通过勤奋和努力，还需要伴随着等待才能获得一些奖励，但是在游戏的过程中，我们可以简单、快速且密集地获得奖励。一旦我们体验到这种可以轻易获得的且密集的快感，日常通过勤奋和努力才能获得的快乐立刻显得逊色许多。这也是造成很多人沉迷游戏而导致学习成绩下降、工作懒惰的原因。

同面对毒品刺激一样，面对频繁且长期的多巴胺过多分泌，我们大脑的防御机制也开始起作用。人体中的其他神经细胞又会释放出γ-氨基丁酸抑制感受器神经受到的过度刺激，强迫大脑休息；如果不成功，同样会通过减少相关细胞的数量来减少多巴胺带来的刺激强度，以应对多巴胺过多的现状（Volkow, Wang, Fowler, Tomasi, & Telang, 2011）。这就造成玩家在玩同样时间长度的游戏时，所获得的快感有所降低，迫使他们投入更多的时间在游戏上。于是，恶性循环开始，玩家在一轮一轮的循环中对游戏的依赖程度不断加深。

从上面的分析我们可以看到，尽管网游成瘾和成瘾性物质在形式上存在差异，但是它们成瘾的原理具有相似性。成瘾性物质通过其生化特征过度激活奖赏系统，进而产生过多的多巴胺，让人体验到简单且持久的快感；而游戏则是通过巧妙设计的精神层面的奖励过度激活奖赏系统，让人同样体验到简单且持久的快感。这些简单持久的快感让人沉溺其中难以自拔，并且越陷越深，最终让真实的生活失去吸引力。

执行控制：管不住对游戏的渴求

你正在和同事愉快地分享最近旅行的经历，突然有客户拜访，你是否能马上停止当前的行为，收起自己的情绪，快速进入工作状态？当面对满桌的美食诱惑，你是抑制住自己暴饮暴食的冲动，还是放弃坚持很久的节食计划，让自己先享用一顿再说？你是否发生过情绪失控的状态？你是否见过那种动不动就发脾气，只要稍有不顺心的事就难以控制情绪，把他人当作“出气筒”的人？更极端的例子是，有人因为情绪失控而引起冲突，最终造成很坏的后果。

上述例子中，我们需要的一个关键能力是执行控制（executive control）能力。

什么是执行控制能力？简单说就是个体抑制优势反应（正在做的事或正在体验的情绪），而执行劣势反应（把自己切换到需要的状态）的能力。据2012年美国心理学会的一项调查，自我控制能力是影响一个人生活方式是否健康的重要因素。自我控制能力决定着我们是否能够为长远的目标而抵御短期的诱惑。而抵制诱惑，通常是生活中常常面临的真实场景，我们要为长远的未来做规划，那么就要对目前的诱惑进行抵制。例如，我们要想考大学，就必须克制每时每刻想出去玩的冲动；我们要健身，就必须抑制自己偷懒的惯性。

除了抵制诱惑以外，属于自我控制范畴的还包括管理和调节自己的情绪、控制自己的注意力、行为的选择和决策、消除刻板印象、自我印象管理、做出利他行为等。可以说，任何克服人心理和行为的惰性，塑造更好自己的过程都需要自我控制的参与。

■

自我控制的过程包含两个心理过程：与自我控制行为相关的“成本一收益”评估过程和负责执行的

认知控制过程。也就是说，人们首先会评估某个行为的价值，对某件事进行“成本—收益”分析，计算去做这种行为是否有价值；然后，在评估的基础上，确定下一步的行为。例如，面对一桌可口的美食，我们首先要权衡放开吃与克制吃的利弊得失，如果放开吃将会破坏坚持了很久的减肥的努力成果，如果克制，将错过一顿难得的美食。不同选择的预期结果会怎样？而我们做出哪种选择，最终由这种权衡的结果决定。

这一过程中，对结果的预期会涉及中脑多巴胺神经通路（奖赏系统），对行为利弊的权衡会涉及背侧前扣带回，执行的过程会涉及执行控制中枢和大脑运动皮质。

回顾前文关于奖赏系统的内容，我们会发现执行控制的过程和奖赏系统之间存在着重叠的大脑功能区——中脑多巴胺神经通路。它是多巴胺产生的核心区域，它的活跃程度直接反映出某件事情的价值和重要性。如果我们的奖赏系统被外界的诱因劫持，这将直接决定我们接下来的行为选择。

所以，不论我们做出任何行为，都不要说是自己无法控制自己，这只是权衡利弊的结果。例如，面对不听话的孩子，很多家长会表现出一定的情绪失

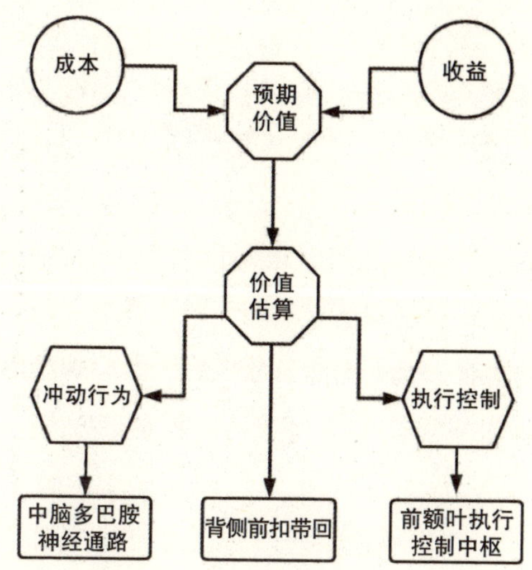

图 3-1　执行控制的思维过程

控，可能对着孩子吼叫，情绪很是激烈。但是，如果这时突然接到领导的来电，家长往往能够迅速收敛失控的情绪，和颜悦色地和领导交谈工作上的问题。这里，不论是对孩子的情绪失控，还是对领导的毕恭毕敬，都是我们对自己的行为进行权衡的结果。

■

就像汽车的驱动需要消耗能源一样，自我控制也会消耗认知资源。我们每一次自我控制的努力都会消耗掉一些认知资源，就像我们每一次肌肉运动都会消耗掉一些肌肉的能量一样。科学家认为，认知资源也是有限的。由于认知资源有限，在认知资源被消耗过多之后，会出现控制能力的削弱，对自身控制能力降低等现象。正如我们运动一段时间之后，会出现疲倦等现象而导致运动能力降低。

如果我们长期需要自我控制，就会持续消耗认知资源，最终可能导致自我资源耗尽而使人无法恰当控制自己的行为和想法。对于这一现象背后原因的解释，一种解释是血糖论，认为自我控制会消耗血糖，血糖低了就会导致自我控制失败。另一种解释是认知带宽理论，认为我们在一段时间内只能处理一定带宽（数量）的事情，一旦超过带宽，必然会带来大脑的超载而导致运行不稳定，无法恰当地思考，进而做出错误的决定。尽管这两个理论在目前都面临很大的争议，但是，它们起码在一定程度上解释了自我控制损耗这种现象。

不过幸运的是，自我控制能力的作用机制类似于肌肉疲倦，经过适当休息就可以恢复。所以，当我们工作了很长时间，大脑和身体疲惫了，工作效率下降，继续工作已经无法带来最合算的收益时，我们最好选择停下来休息，放空自己大脑。当我们一直因努力控制自己的欲望和冲动而非常疲惫时，最好转换一下思维，让自己的大脑休息一下，才能更好地控制下一步的行为。

■

在理解了自我控制的基本机制之后，我们来思考为什么网游成瘾人群无法控制自己的游戏行为：他们即便在面临非常明显的负面影响时，仍然无法甚至不想去控制自己的游戏行为，这背后的机制是什么？

大量研究发现，网游成瘾者自我控制能力出现损伤。例如，有研究应用著名的斯特鲁普实验（Stroop test）来测试人的自我控制能力。这一实验要求人们判断文字的颜色，但是这个字却用另外一种颜色呈现。比如“红”这个字，是用绿色的字体呈现。尽管实验只要求人们判断字的颜色，但是文字本身的意思却会干扰判断过程。这就要求人们克服字意的干扰，将自己的注意力控制在颜色判断上。

在这一任务中，相对那些没有成瘾的人，网游成瘾者需要更长的时间做出反应，他们的出错率也更高。这反映出他们克服干扰的能力较低，间接反映出他们的自我控制能力较差。如果将实验任务的材料改成与网游相关的材料，则会进一步分散他们的注意力，使他们无法集中注意力在任务上，成绩进一步下降。

网游成瘾者自我控制能力较低，原因可能主要是两个方面。

一方面，结合我们前面介绍的自我控制的过程，游戏及与游戏相关的刺激会给网游成瘾者带来极高的成就感和愉悦感，他们在主观上增加了游戏在选择过程中的权重，降低甚至忽视日常生活中勤奋与努力的价值和意义，最终做出错误的决策。

另一方面，自我控制的过程会带来认知资源的消耗。网游成瘾者在现实生活中会面临来自各方面的压力。如果网游成瘾者是学生，过度游戏经常会导致学业成绩的下降，这必然会吸引老师和家长的关注；同时与同伴的竞争，也会带来不小的压力。这些都需要他们投入巨大的认知资源去调节和缓解。

综上所述，游戏所具有的巨大诱惑会干扰我们的决策过程，使我们忽略日常行为的意义。同时，成瘾行为会带来巨大的外在压力，迫使成瘾者投入大量认知资源去处理，从而进一步降低了他们对自我控制的认知投入。各种因素综合在一起，共同造成了网游成瘾者的自我控制能力受损，使他们无法恰当地处理网游的诱惑，最终深陷网游之中。

跨期决策：只要现在，不要未来

单位发工资的那天，你的老板跟你说：这个月公司的资金周转有点困难，假如你愿意等待3个月再领工资，到时候可以额外得到5%的工资；假如你现在领工资，就只能是原来的金额。为了打消你的顾虑，老板还强调，你现在的任何选择都不会影响公司对你的评价，公司完全尊重个人意愿。在这种状况下，你会做出哪种选择？

如果你愿意等待，万一额外报酬的比例降低到3%甚至1%呢？如果你不愿意等待，万一额外报酬的比例增加到8%甚至10%呢？或者，维持额外报酬的比例不变，把等待的时间缩短到1个月，或延长到6个月呢？

我们是把每个月所有的工资都花在满足当前的需求上，还是选择克制自己，把部分钱存起来为以后生活（比如置办房产、养育下一代）做准备？我们在生活中经常会遇到这类选择题，它们贯穿我们生活的方方面面。上述例子中，这种在“现在”和

“未来”之间的选择，我们称其为跨期决策（intertemporal decision）。它是由经济学家欧文·费雪（Irving Fisher）提出的，其含义是消费者力图使得目前消费与未来消费的组合能够带来最大效用，也就是跨时期最优选择。它也是指人们衡量不同时间点做出决策后的成本和收益。在心理学上，沃尔特·米歇尔（Walter Mischel）基于这一概念，提出儿童“延迟满足”（delayed gratification）能力，用于衡量儿童是否愿意为了长远的利益而暂时克制对于短期的收益的欲望。

米歇尔的延迟满足实验非常简单。参加实验的孩子来到儿童心理学实验室。研究者会给他们一个选择：桌上有一个奖品（可以是棉花糖或美味的饼干），他们可以选择立即吃；或者选择等待一会儿再吃。讲完规则，研究者说要出去一会儿，如果回来时他们还在等待，就会得到双倍的奖励。然后研究者离开房间，留孩子们在房间里，偷偷通过隐藏摄像机记录孩子的表现（Mischel, 1961）。

实施该实验后的几十年里，米歇尔一直追踪研究这些参加实验的孩子。他惊奇地发现，小时候面对诱惑时延迟与等待的时间与未来的学业成绩有很大的相关性。选择等待研究者回来得到两块棉花糖的孩子几乎未来都取得了很好的成就（Casey et al., 2011; Mischel, Shoda, & Rodriguez, 1989）。这一研究结论迅速吸引了公众的关注。有学者据此大胆推测：孩子的自我控制能力很大程度上决定了他未来的成就。

抵御眼前事物的诱惑是人类成长过程中的一个重要挑战。延迟满足实验很好地模拟了我们日常生活中的很多选择。但不同的是，我们未来的回报并不像实验中的奖励那样总是确定的，它其实具有很多不确定性，因此不能过分夸大自我控制能力对未来的影响。

■

近20年来，跨期决策就是一种与延迟满足类似的研究内容。相关研究吸引了神经科学、心理学和精神病学等领域研究者的广泛关注，对跨期决策背后机制的了解也逐渐深入。其实，在面临此种选择的时候，我们心里都很清楚：短暂的满足和快感，可能会带来长期的痛苦，但是，不少人就是没有办法抗拒这种即时奖励的诱惑。它的背后一定具有深层次的生理基础。

被我们的大脑皮质包裹着的是进化过程中留下来

的大脑结构，它被称作"边缘系统"。它是原始冲动和欲望的策源地，目的是维持人类的生存和繁衍。科学家将其称为"蜥蜴脑"（lizard brain），它控制着人类对危险的反应，控制着人类的吃、喝以及其他与生存密切相关的活动。它主要负责处理眼前的危机，因此，它的特点就是"只要现在，不要未来"，完全不考虑长远的后果。

科学家观察到，在人们接受眼前奖励的时候，"蜥蜴脑"相关区域产生大量神经活动，表明其正处于兴奋状态；但是，如果人们接受的只是承诺的未来奖励，无论奖励多少，"蜥蜴脑"相关区域都未表现出强烈的神经活动。这说明该区域只负责当前的奖励，长远的收益并不在其关注之列。

当我们看到一桌的美食，"蜥蜴脑"会立刻启动一系列活动，释放多种神经递质，包括去甲肾上腺素和多巴胺。去甲肾上腺素会使我们心情激动起来，思维变得狭窄，进而促使我们做出冲动行为。同时，正如我们在"奖赏系统"一节提到的，多巴胺会让我们感到快乐，让我们身体充满渴望，甚至仿佛"体验"到食物的美味。于是，在这种冲动的驱动下，我们开始把手伸向食物。

但是，这时候脑中有一个声音大喊"住手"！这个声音来自于我们的前额皮质，它就位于我们额头的颅骨内，它是负责人类理性思考和自我控制的大脑区域。前额皮质告诉我们这件事情存在“当下快感可能导致未来的痛苦”的矛盾，力图制止我们伸手拿食物的行为。如果发现这些有说服力的观点仍然不够用，它会启动情绪体验，制造出“吃这些东西会把我这些天的减肥努力全部葬送”的“负罪感”情绪，从而全力阻止你“想吃”的冲动。

这种时候，是我们脆弱的理性和通过漫长的进化而保留下来的驱动力作斗争。前额皮质和“蜥蜴脑”是完全不匹配的对手，只要意志力不是足够坚定，理性非常容易在斗争中落于下风，大部分人就会屈从于短视和冲动。

■

跨期决策能力受损与一系列精神疾病密切相关，如各类成瘾行为、自闭症、暴饮暴食症等。

网游成瘾人群更倾向于立刻满足当前的需求，不愿意为未来潜在的更大收益进行等待。对这一过程中他们大脑活动特征的研究也发现，在对短期较小收益和长期较大收益进行权衡的时候，成瘾人群前额皮质的活动性相比正常人要低很多，表明他们的理性不能很好地参与决策过程。结果表明，网游成瘾者表现出理性能力降低，同时"蜥蜴脑"的力量增强的状态。这导致了在理性与原始欲望的斗争中，"蜥蜴脑"将更加无所阻拦，必将是选择眼前能立刻得到的快乐而忽视长远后果。

如果用网游作为选择物，比如在现在玩游戏和长期学业或工作成绩之间做选择。网游成瘾人群在面对现在玩游戏时，他们的"蜥蜴脑"相关区域的大脑异常活跃；而面对长期学业或工作成绩的时候，其前额皮质的活动要低很多。这样原始冲动升高外加上理性的控制降低，造成二者的进一步失衡，最终使决策结果毫无悬念地倾向于当前的游戏。

网游成瘾者无法走出成瘾状态的重要原因之一，在于他们逐渐丧失了在现在和未来之间恰当选择的能力：他们更愿意享受现在，不愿意考虑未来，甚至逐渐丧失了考虑未来的能力。

风险评估：只看收益，不顾风险

让我们扩展前文的例子。假设单位发年终奖的时候，老板给了你两个选项：一个选项是100%拿到足额年终奖（假设是1万元）；另外一个选项是用这1万元作为本金参加一次抽奖，有50%的机会获得3万元，也有50%的机会什么都得不到。仔细斟酌一下，你愿意选择哪种？

如果你选择100%拿1万元，那么如果将50%中奖的数额增加到5万元、10万元呢？或者，中奖的数额不变，将中奖的概率降低到30%，或增加到70%呢？

上面的例子看似很抽象，其实类似的选择在我们日常生活中经常发生。例如，我们高考填报志愿时，是选择一所能稳妥录取的普通院校，还是选择"冲"一所录取概率较低的重点高校？我们的个人积蓄是放到股市等高风险地方博取高收益，还是放到安全系数更高却收益低的储蓄银行？

再举一个更具挑战性的例子：假设你患有某种罕见的疾病，如果维持现状不做手术，不影响生活质量，仅仅感觉不适；如果你选择做手术，有90%的概率会成功，消除你的不适，但是手术失败则会留下后遗症。你是否会选择做这个手术？

我们常常面对不同风险和收益的选择情境，即风险决策（risky decision），它指的是人们在知道各个选项的结果和产生每个结果的概率的情况下的决策行为。面对风险场景，不同风险偏好的人会做出不同的选择。有些人喜欢冒险，在高收益高风险面前敢于赌一把；另外一些人可能偏向保守，选择比较稳妥的选项。当然，更多的人的风险承受能力可能在这两个极端选项的中间。

■

在风险面前，为什么我们会做出不同的选择？不同的学者提出了不同的风险决策理论，他们尝试解释和预测人们的选择行为。

期望价值理论（expected value theory）认为，人们会选择期望价值高的选项。比如本节开头第一个例子，100%拿1万元，其期望值就是1万元；而50%得3万元，则期望值是1.5万元。因此，依据期望价值理论预期，人们会选择50%得3万元的选项。但是，这个理论和现实中人们真实的选择往往不符。即便是开头这个例子，大多数的人都选择100%得1万元的选项，而放弃50%得3万元的选项。这显然与理论解释不一致。

有学者进一步发展了期望价值理论，提出期望效用理论（expected utility theory）。该理论认为，人们的选择会受到他现有资产的影响。例如，你有100%

的概率能得到100万元（期望值100万元），或有50%的概率能得到1000万元（期望值500万元），很多人会选择100%的概率得到100万元。但是，如果把数字同比例缩小，你有100%的概率能得到10元，或有50%的概率得到100元，很多人的选项就是后者。这是因为我们已经有的资产数额决定了我们的选择：10元对我们是个小数目，我们可以接受这样的损失；但是100万元是个大数目，我们不愿意接受这样的损失。同样的一道选择题，对拥有亿万资产的人来说，他们更多会选择50%得到1000万元，原因是100万元对他们来说是相对较小的资产。

诺贝尔经济学奖获得者丹尼尔·卡尼曼（Daniel Kahneman）在前人的基础上提出前景理论（prospect theory），认为，人们在风险下做决策有两个阶段：编码阶段和评估阶段。在编码阶段主要是对前景（选择的预期结果）进行初步分析，而在评估阶段主要是对价值和概率的评估（成功的概率）。相对期望效用理论，前景理论认为人在意的不是资产的最终状态，而是“价值的改变”，是他们期望或预期的资产的状态（也就是这个选择相对我以前的资产改变了多少）。

我们可以用前景理论解释上面这道选择题：如果

我们选择100%的概率得到100万元的选项，那么我们预期的资产是100万元，它对普通人来说是一个较高的数字；而如果选择50%的概率得到1000万元，因为涉及对价值和概率的评估，我们预期的资产并不是50%×1000万元，我们给它的权重会非常低，总体预期可能远远低于这个值。在理论上，50%×1000万元的价值是500万元，但是在我们心目中，加上风险因素，它的真正价值并没有那么高。

前景理论还指出：大多数人处于收益状态时，往往小心翼翼、厌恶风险、喜欢见好就收，害怕失去已有的收益。当我们选择100%的概率得到100万元时，心里往往会想这些收益已经不错了，到手的钱才真正是自己的；如果选择了50%的概率得到1000万元，万一失败了，到时候一定会后悔。

其实，真实的调查结果发现：在100%的概率得到100万元和50%的概率得到1000万元的例子中，即便把后面的选项改成50%的概率得到1亿元，绝大多数人仍然会选择100%的概率得到100万元。

■

脑科学家探讨了这一选择背后的神经机制。他们发现，在人们做高风险的选择之前，也就是选择

“低概率博取大收益”之前，大脑内的伏隔核会活跃起来。而伏隔核位于大脑深部，是腹侧纹状体的一部分，它也是大脑奖赏系统重要的组成部分。它接受前额叶等重要脑区的信息输入。脑科学家发现前额叶在价值计算、价值比较方面起着重要的作用。

对老鼠的研究发现：内侧前额叶的损毁，会让老鼠无法比较不同选项的收益，无法清晰地计算每个选项的收益与损失，导致老鼠只看到当前的收益。当老鼠选择高风险选项并且恰好获得大奖励时，它的眼里就只有大奖励，无法将大奖励的低概率整合进来，合理评估其风险性。这会让它在接下来的选择中，更频繁地选择高风险的选项（Chen & Stuphorn, 2018）。

脑科学家观察到人类行为同样如此，在评估奖励与概率的关系，计算不同选项的收益与潜在损失的风险时，前额叶会更加活跃，但伏隔核相关区域只在关注到高收益时变得活跃。于是，前额叶的想法和伏隔核的想法在脑中发生冲突，两者的“输赢”最终决定人们的行为选择。

■

大量研究发现，网游成瘾人群的风险决策能力出现受损的现象（Wang et al., 2017; Dong & Potenza, 2014）。

行为上，当网游成瘾的人做风险决策时，他们的思维与普通人存在显著差异：他们往往倾向于选择那些高风险的选项，而不去计算利弊得失。在对网游成瘾人群大脑的研究中发现，他们在做风险决策时，大脑前额叶的活跃程度明显低于常人。前面我们介绍，前额叶是大脑中负责比较和评估的核心区域，它的参与是我们恰当权衡不同选项的收益，估算带来的损失，进而做出合理决策的重要保证。额叶区域的低活跃，表明他们投入较少的努力去评估其中的得失。

并且，网游成瘾人群风险决策时伏隔核区域的活跃度会显著高于普通人群，表明他们更多关注到潜在的收益。例如，50%的概率得到3万元，甚至20%的概率得到3万元，他们也会毫不犹豫地选择后者；他们只关注到有机会得到3万元，但是却忽略得到3万元是建立在一定的概率基础之上的，甚至可能是极低的概率。

此外，有科学家招募网游成瘾的人进行猜扑克游戏，游戏规则是猜对了扑克就会有一定奖励，猜错了扑克就会有一定惩罚，科学家会在这一过程中观察他们的大脑表现。结果发现，当他们猜对的时候，伏隔核等奖赏相关的脑区非常活跃，表明他们对奖赏更敏感；但是，当他们猜错的时候，大脑反应却异常平静，和日常没有区别。这种反应是不正常的，因为这个时候大脑中与惩罚相关的脑区应该是活跃的。网游成瘾人群面对损失时大脑没有反应，表明他们“丧失”了对消极后果的感知能力（Dong, Huang & Du, 2011）。

综合以上的分析，网游成瘾的人在面对风险的时候，只关注到潜在的收益，而忽略实现这一收益是需要冒着一定风险的现实。同时，在面对选择失败的惩罚时，他们缺乏感知惩罚的能力，失败不能给他们敲响足够的警钟，进而制约他们的冒险行为。这几方面的综合作用使得网游成瘾的人在游戏的世界里越陷越深。

成瘾记忆：成瘾复发的核心动力

一个戒毒所的警察给我讲过这样一个故事：

曾经有一个吸毒者，经过在戒毒所一段艰苦的日子后，已经成功戒除毒瘾。他的母亲为了防止他毒瘾复发，下决心举家搬迁到另外一个城市，与原有的一切切割，重新开始生活。幸运的是，他在另外一个城市里开始了正常生活，并且再也没有碰过毒品。就这样过了十多年，他的父母以为终于可以放心了，于是逐渐放松了对他的警惕。一次偶然的机会，他回到当年的城市，在下火车的那一瞬间，他的毒瘾又一次复发了……

成瘾是一种易复发的心理疾病。大多数的成瘾者，无论是物质成瘾还是赌博成瘾、网游成瘾，他们都曾经停止或尝试停止成瘾行为，努力从成瘾状态里走出来。很多人甚至已经成功戒瘾很多年，过上了看似正常的生活。但是，一个无法回避的现实是，大多数成瘾者都会面临成瘾行为复发的巨大挑战。即便一个人在一段时间内成功戒瘾，表现得和其他人完全一样，我们也要随时提防他复发。生理上的毒品依赖可以消除，但是心理上的成瘾记忆却非常顽固，难以消除，这就是我们常说的"心瘾难除"。

在其中，成瘾记忆是成瘾复发的关键因素。

■

你是否记得接到大学通知书时的喜悦？你是否记得失恋时的悲伤？为什么过去了很多年的事情在我们记忆里依然那么清晰，甚至似乎就发生在昨天？我们的大脑是一个容量巨大的存储器官，在记忆那些重要事件上具有强大的能力。同样，这一机制也会促使成瘾人群在遇到某些与成瘾相关的环境和人的时候唤起成瘾记忆，进而导致成瘾行为的复发。

“记忆/学习—条件反射/习惯”环路理论能很好地解释这一现象：在这一环路中，关键的解剖学结构是杏仁核和海马。杏仁核是边缘系统中重要的皮质下核团，具有参与情绪和情感的调控、学习和记忆等功能。科学家用电刺激激活人的左杏仁核，人会产生某种愉悦的快感，然后这种快感可以促进相关行为的产生。杏仁核不但处理情绪，还处理与情绪相关的记忆。例如，古人云“一朝被蛇咬，十年怕井绳”，背后的机制是杏仁核将关于蛇的形状记忆连同对蛇的恐惧合并成了一种情绪记忆，人如果再次看见与蛇有着相似形状的东西时，杏仁核就会被激活，进而体验到原来的恐惧记忆。

大脑中的海马是与记忆关系密切的脑组织。但是海马本身并不存储记忆，它的重要功能就是把短时记忆信息加工之后转换到大脑皮质形成长时记忆。例如，一个朋友给你电话，告诉了你他新改的电话号码，你念了两遍后暂时把号码记住了（短时记忆），但是，如果你不去进一步重复记忆这个号码，或者把号码用笔记下来，就有可能忘掉。如果你经过不断背诵之后记住了，这时候就不会遗忘了，这就表明电话号码的信息进入了长时记忆。

物质成瘾者即使在长期戒断后，身体上已经摆脱了对于成瘾性物质的依赖，但是成瘾性物质或成瘾行为相关线索刺激仍能唤醒其记忆（杏仁核和海马作用），并唤起强烈的既往体验（杏仁核作用），这种体验会淹没当前的思维，诱发出和成瘾物质应用时相同的强烈的体验，进而诱发或重新激活对成瘾性物质的渴求。

因此，成瘾记忆再巩固和条件反射是导致戒断后复发的重要机制。问题是，成瘾记忆能够持久存在，并且在每次使用成瘾性物质或接触成瘾相关线索刺激时均完成一个再巩固过程。其结果是成瘾记忆很容易被强化，却极难被消除。这导致物质成瘾者对成瘾性物质或成瘾行为的渴求逐步增强。当物质成瘾者再次遇到与成瘾记忆相关的线索时，原来的成瘾记忆就会被唤起，变成不稳定的状态，进而会对成瘾性物质产生强烈的渴求感。

■

网游成瘾的一个重要特点是，成瘾人群难以摆脱与网游成瘾相关的环境或刺激。毒品几乎在世界各国都是禁止的，但目前游戏产业并不会被禁止，这使得人们难以真正隔离与网游成瘾相关的刺激，进而防止成瘾行为的复发。即便有时候一个人有控制玩游戏冲动的想法，或者为自己的过度游戏行为感到懊恼进而决定尝试终止游戏行为，但遍布周围环境的游戏刺激会诱发人的杏仁核兴奋并使人回忆起当时玩游戏的记忆，回味当初玩游戏的快乐体验。这一切都会很容易地冲垮他们辛苦建立起来的脆弱的自我控制能力。

如果我们是经验丰富的游戏玩家，当我们看到游戏刺激，或者看到与游戏相关的场景、遇到曾经一起打游戏的玩伴时，我们就会自然而然地想到游戏，想到玩游戏过程中带给我们的快乐。特别是，如果这种情景发生在我们感到挫折或沮丧时，与游戏相关的刺激更会进一步诱发我们玩游戏的冲动。科学家发现，与游戏相关的线索会迅速点燃玩家与游戏渴求相关的大脑区域，进而促使他们体验到曾经的游戏记忆。在这样的情境下，网游成瘾者的感觉将更加强烈，会马上激发洪水般的游戏渴求，进而极容易触发对游戏的再一次冲动（Dong, Wang, Du & Potenza, 2017）。

目前，游戏在我们身边随处可见，网页上随时弹出的游戏广告，身边的人可能正在玩游戏，同伴的日常谈论也涉及游戏。网游成瘾人群的游戏渴求随时都可能被唤醒，这导致网游成瘾戒除的难度更大。即便暂时戒断成功，由于以上因素的存在，成瘾者复发的可能性也非常高。

总之，对游戏过程的记忆是网游成瘾复发的核心动力，要彻底戒除网游成瘾，必须努力纠正这一记忆。这是目前科学界研究的一个难点。

第四章

网游成瘾与你我

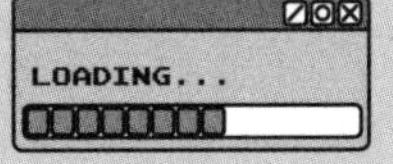

成瘾易感性：我会变成一个成瘾者吗？

一个男生自述：

一次聚会喝过酒半醉之后，我在不知情的情况下接下了别人的烟，感觉味道不对后问对方是什么烟时，才知道那不是普通的烟。那是我的第一次吸毒经历，完全是被动的。我知道毒品的成瘾性和危害，从此就胆战心惊，小心翼翼地关注自己细微的生理和心理变化，担心自己马上就要成为瘾君子了。

一名玩家自述：

我在工作和生活的空闲时间，喜欢玩一下游戏，并且在无聊的时候总是惦记着游戏。虽然每次玩过游戏之后都会有一种强烈的负罪感，但是一旦进入游戏，就立刻忘记这种负罪感。游戏占据了我很多的业余时间，但它并没有给工作和生活带来太多负面的影响。

这种状况是不是就不会成瘾了？

虽然我们常说："一日吸毒，终生戒毒！"但是，我们不能武断地认为碰一次毒品就会立刻成瘾。我们玩一次游戏，更不会立刻成瘾。成瘾是一个日积月累，程度逐渐加深的过程。在这一过程中，成瘾性物质使用的剂量、玩游戏的时长会随着进程逐渐增大和加长。很多人是在尝试几次，发现了其中的快乐体验后，才逐步被诱惑，逐渐丧失自我控制能力的。

我们每个人都有玩游戏的经历，但不是每个人都会因此而成瘾。研究发现，只有大约2.47%的玩家最终达到成瘾的程度。成瘾过程是一个复杂的过程，如果能够有效识别哪些是高危险的人群，我们就能有目的、有针对性地关注这些特定群体的变化，从而尽早干预他们向成瘾方向发展。

■

在介绍成瘾易感人群的相关内容之前，我们必须先声明：目前的研究结果还比较初级，我们尚无法精准地预测谁最终会发展为成瘾者，谁不会发展为成瘾者；我们能提供的仅仅是指出具有某种特征的人，他们如果接触成瘾性物质或成瘾行为，有更大的风险发展为成瘾人群。总体上说，一个人具有的易感因素越多，那么他发展为成瘾者的可能性就越大。因此，对那些具有某些成瘾易感因素的个体，自己应该引起重视，尽早预防和远离各类成瘾性物质或成瘾行为。

1. 生物因素：是否存在容易成瘾的基因

当人接触到成瘾性物质之后，个体的生物结构特征在促进他是否会发展为成瘾者方面具有重要作用。目前，基因与成瘾的相关研究备受科学界关注，相关研究成果也迅速增长。盖林等人的研究发现有75个与成瘾性物质甲基苯丙胺关系密切的基因（Guerin et al., 2021）；乌尔等人比较了成瘾者和非成瘾者的基因，发现了89个与药物使用相关的基因（Uhl et al., 2014）。对网游成瘾人群的研究发现，DRD2 Taq1A1基因与较高的奖赏依赖相关；网游成瘾青少年的血清素转运体基因（SS-5HTTLPR）异常（Park et al., 2017）；等等。但是研究者普遍认为，成瘾是一个复杂的系统，一个基因很难单独造成较大的影响，更多是多基因效应的组合才导致问题的出现。

总之，我们的基因差异使得药物效果或具有成瘾特征的行为因人而异，每个人的生物特征不同导致他们的易感性水平不同。据测算，遗传因素在个体成瘾中只起到20%—40%的作用，其他要归因于环境和情境因素等。

虽然基因类研究能提供更多有关人的生理特征与成瘾之间的证据，但是它在指导我们日常成瘾预防中的作用却非常少。因为在目前技术和成本约束下，我们很难让每个人都进行基因测序，然后对具有某些基因的个体进行预警。目前这些研究结果更多是揭露成瘾的某些生理机制。

2. 情绪障碍：游戏本来是解决情绪问题的渠道

有一句话说："你眼里别人的问题，对他可能正是解决方案。"网游成瘾常常是有各类情绪问题、精神障碍的人主动选择的结果。例如，抑郁、焦虑、精神分裂、多动症等患者，还包括患有创伤后应激障碍等问题的人，都可能以网游作为情绪问题的解决渠道。

目前研究中，大多数被诊断为网游成瘾的个体或多或少具有以上情绪问题或精神障碍。我们只能说，网游成瘾和很多情绪问题或精神障碍有一定关系，但是不能得出一定具有因果关系的结论（Lin et al.,

2020）。也就是说，这些情绪问题或精神障碍可能是网游成瘾带来的，也可能是它们导致了网游成瘾的形成。例如，当一个人孤独、抑郁时，他极有可能选择网游作为克服孤独或抑郁的途径，在网游中寻找朋友，克服现实生活的困境。而根据目前追踪研究的结果，更多研究倾向于支持后一种观点，也就是网游只是这些情绪问题或精神障碍的宣泄渠道。

如果支持“很多具有情绪问题的人拿网游来克服情绪问题”的观点，那么在成瘾干预过程中，就要首先处理相应的情绪问题。个体情绪问题得到缓解，网游成瘾的程度自然就会减轻，甚至可能戒除成瘾。情绪问题会分散我们的精力，耗尽我们的认知资源，使我们疲惫不堪。因此，情绪问题得不到缓解，就无法对网游成瘾进行有效干预。如果强制成瘾者远离游戏，反而会导致其情绪压力无处释放，甚至会引发新的情绪问题。

3. 人格特征：具有某些个性特征的人更容易网游成瘾

人格特征上，有研究发现网游成瘾与消极情绪、神经质、感觉寻求倾向、内向、自我中心、自我失败、D型人格（又称忧伤型人格，此类人群容易焦虑和抑郁）等人群存在很高的相关性。换个角度说，网游成瘾者通常是以下三类人群：第一，冲动、好奇、偏执的人，此类人容易接触新事物，有更多的机会接触网游、体验网游；第二，缺乏担当和责任心，以自我为中心的人，此类人会将所有事情的责任都转嫁到其他人头上，对自己的行为缺乏约束；第三，内向敏感、消极忧伤的人，此类人对日常事务消极敏感，网络游戏非常容易满足他们的自尊心（Chew, 2022）。

具有这些人格特征的人，一定要适当克制自己对网游的好奇和冲动，不要轻易去尝试，因为会有更高的概率被网游吸引，进而沉迷其中，难以自拔。

4. 成瘾恶性循环：成瘾会损害控制能力，进而固化成瘾

一旦网游成瘾，仅仅凭借个人的能力是很难停止玩游戏的。我们在上一章介绍过，当成瘾者沉浸在游戏过程中时，自我控制能力、决策能力等都会受到损伤，失去正常的认知和社会功能，这也是促使他们的网游成瘾行为进一步恶化的原因。

此外，有其他物质成瘾经历的人也非常容易沉溺在网游里。物质成瘾经历会损害个体与自我控制、

判断决策等相关的大脑区域和功能，而这些功能的受损导致其无法有效控制自己沉迷游戏的行为。因此，有过其他成瘾经历的人通常是网游成瘾的高风险人群（Paulus et al., 2018）。进一步来说，如果一个具有物质成瘾或药物滥用家族病史的人，也会是成瘾的高风险人群，因为遗传可能会将父辈的成瘾易感性保留下来，进而让后辈生来就具有成瘾易感性。

■

了解了上面所述的网游成瘾风险因素后，你或许会感叹：我的行为似乎与以上好几条成瘾易感性特征吻合，我该怎么办？或者，我发现身边的朋友或其他重要的人，他们身上存在很多成瘾易感性因素，这些都意味着什么？我该怎么帮助他们？

我们首先要明确一个概念，这里的“易感性”指的是具有相对更大的可能性发展为成瘾，并不是一定会导致人成瘾。无论你具有几条成瘾易感性特征，你都可以如常地生活且不受成瘾困扰。因为成瘾易感性只是一种风险提示，就像有些人更容易过敏一样，只要你多注意，它就不会困扰你。

强调成瘾易感性的核心意义在于预防和提前警示。如果某个人具有某些风险因素，那么他就应该努力去控制这些因素，提前意识到自己应该减少某些行为。对具有物质成瘾风险的人来说，在告知他提防成瘾的同时，要努力让他远离成瘾性物质的环境。对具有网游成瘾风险的人来说，必须要让其心中树立一个警示：无论他人怎么描绘游戏的乐趣，都尽量不去接触游戏，即便是玩游戏也必须确保家人和朋友能够在某些时候具有切断你游戏进程的权利。

一个人拥有的成瘾易感性因素越多，他成瘾的风险就越高。因此必须努力控制会导致成瘾的因素。当一个高风险的人处于风险情境时，要十分警惕成瘾带来的危害，并准备随时对此类行为说“不”。这些是我们认识上述危险因素的意义，也是我们对抗成瘾的关键所在。

■

如果一个人的行为表现较少符合成瘾易感性特征，是不是就表示自己不会成瘾了？

这种想法是错误的！我们必须牢牢记住：即便你不具有以上任何的成瘾易感性特征，也千万不要轻易尝试任何成瘾性物质或成瘾行为！尤其在酒吧、KTV等场合，防人之心不可无，面对陌生人给的香烟、饮料等，一定要坚决拒绝。面对同伴一起游戏的邀请，应该告诉对方，你具有成瘾的高风险；并清醒地告诉自己，一旦沉迷游戏可能会对自己造成很严重的影响。成瘾是一个渐进的过程，量变和质变可能就发生在一瞬间。目前没有网游成瘾的玩家，一定不可掉以轻心，认为自己不会成瘾。

远离任何成瘾性物质，避免戒除成瘾行为，养成积极健康的生活习惯，才能活出自己精彩的人生。

性别差异：男性自带成瘾体质吗？

我们发现，游戏论坛、游戏厅、网吧里常常都是以男性玩家为主，较少见到女性玩家。大量的结果似乎表明，男性更容易发展成网游成瘾。目前不同国家的调查研究都发现在网游成瘾群体中，男性比例显著高于女性的现状。例如，在中国，有6.3%的男孩和2.4%的女孩表现出网游成瘾症状（Li，2015）；在韩国，有3.6%的男孩和1.9%的女孩表现出网游成瘾症状；在美国高中生中，这一比例为男性5.8%，女性3%（Borgonovi, 2016）。

或许我们认为，造成这一差异的原因应该是男女玩家在玩游戏人数上的差异，玩游戏的男性较多，女性较少；但研究结论都否定了这些解释。如调查结果显示，48%的女性与52%的男性均有网游接触史，并无明显的性别差异。另一种可能的解释是，男女在游戏技巧上的差异，如男性比女性更擅长玩游戏。研究结论也直接否定了这一论断，在玩游戏的技能上，男女并无差异。

那究竟是什么原因导致网游成瘾的性别差异？

1. 游戏设计上，已经考虑了性别特征

在游戏设计中非常重要的一点，就是依据性别特点来设计游戏。例如，男性更喜欢竞争性、格斗性的游戏，而女性更喜欢合作性、认知类型的游戏。这些性别差异特征在孩子很小的时候就有体现。女孩会比较喜欢玩过家家、照顾娃娃等游戏；男孩会比较喜欢体现自己力量的游戏，如扮演英雄、竞技对抗等。因此，不可否认的是不同性别儿童先天就表现出差异。人们依据儿童性格特点来设计不同类型的游戏，这些游戏本身又反过来影响了人们对儿童角色的认知，不断强化儿童的角色认同。

这些性别差异随着年龄发展会进一步分化，比如，不同性别的婴幼儿对玩具的偏好不同。在商场

的玩具区你可以一眼就区分出男孩的玩具和女孩的玩具。女孩的玩具都是颜色比较柔和的粉色娃娃或者公主人偶，男孩的玩具则是以蓝色、黑色等色调为主的超级英雄或者汽车模型（就连乐高这种并没有明显性别区别的积木玩具里也有专门的公主系列）。这些性别化明显的玩具会固化孩子的性别印象，也潜移默化地影响孩子的游戏选择。

游戏类型的性别差异也受到后天家庭和教育的影响。例如，父母和不同性别孩子的互动方式存在差异，父母与男孩的互动更多是身体性、运动性游戏，而与女孩的互动则更倾向于认知性、角色扮演类游戏。同时，社会的刻板印象也影响儿童性别角色的形成，如“男孩就应该勇敢，女孩就应该优雅”等。这些观念会渗透到日常生活中，进一步固化儿童角色认知。

现代的大型网游，更多是创造竞争、打怪升级等场景来增强其吸引力。而这些恰恰更符合男性的心理特点，因此，更多男性能从游戏中获得快乐，更容易沉迷其中，走向成瘾。

2. 男性更乐于尝试未知风险

通常，在冒险尝试新鲜事物这件事上，男性的意愿更强。这和人类演化和人类历史发展相关。在远古时期，通常是男性负责狩猎，女性负责采摘。狩猎带有攻击性，还需要不断扩大熟悉的边界，探索未知的区域。这种探索和好斗的天性本身就已经存在于男性的基因中，一直遗传到今天。因此，男性沉迷的往往是那种战略性游戏或者是格斗类游戏。而远古时期的女性通常负责采摘等活动，在熟悉的事物和区域进行劳作，属于安全系数较高的行为，且需要相互配合才能更好地完成。所以，女性更喜欢认知与合作类游戏。

游戏就是人本性喜好的另外一种行为选择，这种行为选择一直留存在现代人类身上。在成瘾行为上，男性比女性更容易成瘾，其中很重要的原因是男性比女性更愿意探索未知的风险，进而更有可能尝试成瘾性物质或成瘾行为。而现实是尝试的概率越高，成瘾的概率就越高。对网游成瘾来说，长时间玩网游而导致成瘾的现象，男性群体比女性群体更为突出（Widyanto, Griffiths, & Brunsden, 2011）。一项对青少年网络使用情况的调查发现，男性比女性更倾向于使用网络进行社交和追求成就感（Ko et al., 2005）。

现在，和平社会环境下战争和冲突的可能变得越来越小，需要冒着损害身体的风险去做的事情也越

来越小，需要冒着损害身体的风险去做的事情也越来越少，但这并不表示人们想冒险的特征得以彻底改变。在网游的世界中，玩家可以体会到那种冲锋陷阵的刺激和与人竞争的快感。

游戏中有江湖侠义，有快意恩仇，有和现实世界中一样丰富多彩的情感。所有对英雄、侠士最美好的想象都可以在这里实现。并且，网游的虚拟性可以让玩家发挥最大的想象力，很多现实中只能想象而无法实现的内容都可以在游戏中得以实现。在游戏中，玩家可以穿越时空，突破生死界限，成为一方霸主，这些都可以很好地满足男性基因里那种好斗的欲望。

从这个角度讲，网游很好地满足了男性追求刺激、冒险探索的本能。因此他们更容易沉溺其中。

3. 游戏中的大脑：男性更容易失去自我，女性自我控制能力更强

有人说：男人来自金星，女人来自火星。这似乎在表达"男人更理性，女人更感性"，但其实经受不住科学验证！例如，在面对游戏的诱惑时，女性比男性表现出更强的行为控制能力。有研究发现，女孩比男孩在幼儿时期就表现出更强的行为自制力，

表现出优于男孩的执行控制功能（Gaillard, Fehring, & Rossell, 2021）。病理性赌博成瘾的相关研究发现，男性病理性赌博成瘾和其冲动性行为障碍有关，而女性赌博成瘾和其情绪焦虑、抑郁症状有关（Martins et al., 2002）。研究表明，男性对电子游戏的依赖程度远远高于女性对电子游戏的依赖程度（Griffiths & Hunt, 1998）。已有的关于网游成瘾的流行病学研究认为，男性对于网络游戏的易感性高于女性（Yu et al., 2021）。

有研究发现，毒品成瘾的性别差异是由神经系统的性别差异引起的，神经系统的雌性激素水平调节着个体对毒品成瘾和复发的易感性（Bobzean et al., 2014）。也有研究坚持认为，杏仁核等与奖赏系统相关的脑区在毒品成瘾的性别差异中具有重要作用（Koob et al., 1998）。此外，还有研究结果表示，男性的睾酮激素水平降低了个体对赌博的惩罚结果的敏感性，增强了男性赌博成瘾者对赌博的奖赏结果的敏感性（van Honk et al., 2004）。更有研究结果揭示了酒精成瘾的性别差异和病理性赌博成瘾性别差异之间的相关性，即中度到重度饮酒的男性更容易赌博成瘾（Desai et al., 2010）。

有研究者通过功能性磁共振成像发现，男性网游成瘾者在中脑边缘系统等与奖赏系统相关脑区的激活程度和功能连接强度均高于女性网游成瘾者（Hoeft et al., 2008）。这表明，对于网游，男性比女性具有更高的动机水平、更强的奖赏价值的评估预测。

上述研究都表明，男性在生理上比女性具有更易网游成瘾的特点。

青少年：成瘾的脆弱群体

青春期，是大脑尚未发展成熟的时期，但躁动的青少年却对新事物充满了好奇。他们想去尝试和体验新鲜事物，当然也有更大可能接触到成瘾性物质或尝试成瘾行为。因此，青春期是成瘾的高风险时期。

青春期个体的大脑迅速发展，特别是发育相对较晚的人类高级认知区域，比如大脑的额叶区域，它负责决策、判断、自我控制等认知功能。如果在这个时候接触到成瘾性物质或尝试成瘾行为，特别是持续性地接触成瘾性物质，会严重破坏正常的额叶皮质功能，甚至影响额叶的正常发育。而我们在前面章节讨论过，这些功能对有效抑制成瘾冲动发挥着关键作用。

人们对成瘾性物质的接触或成瘾行为的尝试开始得越早，未来成为成瘾者的可能性就越大。青少年对外界事物充满了好奇，具有更高的可能性尝试新鲜事物，处在叛逆期的青少年更是如此。这些特点导致青少年成为成瘾的高风险人群。同时，青少年的行为受同伴的影响非常大，导致他们容易相互模仿，甚至形成一种亚文化。网游的情况也是如此，青少年经常交流游戏心得，分享游戏乐趣，导致那些玩游戏较少的人甚至因为无共同语言而难以融入群体。

青少年沉溺于成瘾性物质和尝试成瘾行为会引发一系列问题。例如，研究发现青少年酒精滥用行为与他们未来的过早死亡、犯罪、性疾病传播等密切相关。这些行为会对他们的大脑产生长期的消极影响，甚至可能造成对大脑的永久损伤。

■

对猴子的研究发现，额叶皮质中的多巴胺能神经元在青春期和成年早期会一直支配其发育过程，而奖赏环路中的多巴胺是成瘾非常关键的影响物质。因此，青春期是对成瘾性物质和成瘾行为敏感的时期。研究发现，青春期个体的大脑对奖赏非常敏感，他们想获得更多的奖励性物质或行为（Larsen & Luna, 2018）。这一特征加上大脑自我控制能力尚未发育成熟和来自同伴的压力，就必然会促使他们通过更多的渠道去尝试能获得奖赏的行为，这也是青少年对世界充满好奇的原因之一。

有研究者发现，年轻人的奖赏反应与成年人存在差异：他们的多巴胺能神经元的反应速度要快于成年人（Volkow et al., 1998）。同样一个刺激，年轻人能更快地发现它能让我们快乐的地方，而成年人似乎逐渐不愿意尝试新鲜事物，更多把自己封闭在以前的世界里，对事物的快乐反应越来越迟钝。

无论是青少年大脑额叶发育不成熟，还是他们的多巴胺能神经元更敏感，都会促使他们去探寻新鲜事物，尝试风险行为。这一特征在人类演化过程中是有益的，它不让人类在某种现有状态中故步自封，而是让人类不断超越现有的认知边界，最终促进整个社会的进步。在人的一生中，青春期是探索未知世界的重要时期，也是走向成熟的必经之路。青少年在冲突的环境下成长，开始表现出自己是有主见、有自尊的人。

但是，现代社会给这些勇于冲破束缚的青少年留下了很多的“诱惑”。在很久以前，大自然所提供的天然成瘾性物质是非常有限的，人类往往会想办法利用自然界的植物去制造成瘾性物质，比如香烟。现在，随着科技水平的提升，人类可以轻松提取甚至合成某些成瘾性物质，也能够依据人的思维规律设计出网游，它对人的吸引力远远超越了传统游戏，使青少年沉迷其中难以自拔。

■

信息社会的一个重要特征是，屏幕占据了太多时间，青少年获得的感官刺激不足。美国西雅图儿童研究所儿童行为学家迪米特里·克里斯塔基斯（Dimitri Christakis）研究发现，沉迷手机、电视的孩子的大脑与普通孩子的大脑存在显著的区别（Christakis, 2009, 2020）。用他的话说：感觉有些触目惊心，大脑就像萎缩了一样。

克里斯塔基斯解释说，这些孩子在屏幕前花了大量的时间，导致他们大脑接收到的感官刺激不足，他们在合适的年龄没有做合适的事。例如，幼儿到成人的大脑发展，从负责动作发展的原始区域开始，接着到情感区域，最后是逻辑思考区域。在初期的过程发展中，孩子需要每天接受不同的大脑刺激，才能发展出一个健康和健全的大脑。而手机和电视屏幕所产生的声光和画面刺激，经常只集中在原始区域，缺乏对更高级大脑区域的刺激和训练，这会导致孩子未来情绪自控力不好，缺乏思考和逻辑理性能力。如果孩子长期沉浸于手机和电视，甚至因此失去了其他活动，后果便是对大脑的结构和功能产生负面的影响（Madigan et al., 2020）。

使用屏幕时间过多，会使社交和认知发展的时间减少。很多人可能听说过“狼孩”的故事。被狼养大的孩子，即便他们的外表看起来是十多岁，智力却犹如出生不久的婴儿，不懂人类的语言，记忆力、注意力、想象力和思维能力几乎为零。即便后来再努力，能弥补的可能性也非常小。这是因为人的智力发展有一个关键期，在这个时期内，孩子可以迅速地掌握相应的知识，但是如果错过了，即便付出很多倍的努力，仍然无法达到较好的水平。因为他们在合适的年龄缺乏应有的大脑刺激，大脑相应的功能得不到训练，很容易错过某些能力发展的关键期。

虽然那些长期沉迷电视、手机的孩子不至于像“狼孩”那样极端缺乏社会互动，但沉迷电视、手机仍在一定程度上使得儿童的生活环境变得单调了很多。父母都希望孩子们聪明伶俐，有很多朋友，能够很好地适应这个社会。很多人其实没想到，小小的屏幕可能会在不知不觉中扼杀了这些父母的愿望。

在很久以前，电视还没大范围普及的年代，一批心理学家来到加拿大北部的某个小镇，调查对比电视普及前后这个小镇里孩子的变化。他们进行了第一次测试后不久，电视很快在小镇普及了，于是两年后他们对孩子进行了重新测试。结果发现，电视让孩子的阅读能力、创造力和认知能力普遍下降。

目前，我国还有一个比较特殊的问题：有很多留守儿童是由祖辈照顾的。这些孩子的祖辈发现用电视、手机哄孩子效果很好，便经常这样做。因此，对长期沉迷于屏幕类产品的危害认识不足，导致这些孩子在认知发展和社会交往能力发展的关键期不能接受到足够的外部刺激，进而对认知的发展造成影响。这一问题的后续影响也许会在未来十年逐渐显现，这是值得社会关注的现实问题。

我们要明确：孩子成长最好的感官刺激是玩耍和运动。丰富的活动是孩子大脑成长的最佳营养，在这样的环境下，孩子的大脑能更健康地发展。

大脑可塑性：戒除网游成瘾后能恢复正常吗？

人的很多组织器官具有很强的修复能力。例如，皮肤不小心割破了会慢慢愈合，献血之后血液会再补充，肝脏受损后会再生，等等。这主要是因为我们的器官细胞会不断分裂，产生新的细胞来补充和维持组织功能。老细胞不断凋亡，新细胞不断产生，我们的身体在新旧更替中不断发展。但是正常细胞的分裂次数大约在50次，所以理论上不同器官的细胞数量是有上限的，器官的功能也有峰值。这也是我们人类生长发育，然后成年成熟，最终走向老化的原因。

但是，我们的大脑是一个例外，它不符合上面“发展—成熟—衰退”的生理规律。现代神经科学之父圣地亚哥·拉蒙-卡哈尔（Santiago Ramón y Cajal）在一个世纪前就宣称，成年人的脑中不会再产生新的神经元。他认为人一旦发育结束，增长和再生的能力就会枯竭。因此，成年人大脑中的神经通道会终止增长，然后逐渐走向凋零。这一论断主导了接下来几十年学界对中枢神经系统的认识。他们普遍认为：中枢神经系统由大脑和脊髓组成，是人体神经系统的主体部分，成年人大脑里的中枢神经系统缺少再生能力，即神经系统损伤后不能通过神经细胞增殖来替代丢失、缺损的神经元。

虽然近年来有研究挑战这一学说，他们发现中枢神经系统在成年后仍然存在可以分化成其他细胞的神经干细胞，且在动物身上发现神经干细胞（neural stem cell）的移植可以产生新的神经细胞。最近的研究发现，在成年人大脑的海马中，仍然能产生新生脑细胞，但每天产生的数量非常有限。同时，大脑新生神经元的产生仍然只是初级形态，一个新生脑细胞要留存下来，必须在14天内分化出不同的功能，然后要恰好和其他的神经元建立稳固的联系，成为某个神经网络的一部分，否则14天后就会凋亡。通常情况下，成年人大脑中只有极少数的新生神经元能够留下来（Anacker & Hen, 2017）。所以说，神经细胞不能再生的观点基本是正确的。

造成这一现状的原因，首先是成年人中枢神经系统神经元生长能力本身的减退。同时，为了防止不同神经元之间放电时会相互影响，造成电流短路（癫痫就是不同神经元短路、异常放电造成的），神经元周围会有大量的胶质细胞，胶质细胞阻挡甚至抑制着神经元的随处再生。即便有新产生的神经元，要想和那些包裹着层层胶质细胞的神经元建立联系，也是非常困难的一件事。

这就造成了一种结果，成年人的脑细胞很难再生。因此，一旦发生损害神经元的重要病变或某些行为对大脑的脑细胞造成伤害，其结果往往是不可逆的。即便在儿童期，大脑细胞也具有非常有限的再生能力。所以说，人的一生中，脑细胞的数量基本在儿童期就已经确定了。

■

成瘾，特别是毒品成瘾，除了对我们的认知能力，包括自我控制能力、奖赏敏感性、决策能力等产生影响外，还会伤害身体，甚至造成不可逆的影响。

生理伤害既包括对身体的伤害，也包括对大脑的伤害。毒品会让大脑细胞长期高度兴奋，加速脑细胞的负担，甚至死亡。同时，生活不规律会造成胃肠功能紊乱，不能给大脑足够的供养。这些又会损害人的脑细胞，加快脑细胞的死亡速度。很多吸毒者会产生记忆力衰退、注意力不集中、知觉模糊、说话无逻辑等症状，这都是大脑受到损伤的表现。

吸毒者还常常出现幻觉和被害妄想，这种状态下很容易出现自伤和伤人行为，极易导致违法犯罪事件的发生。由于脑细胞的不可再生性，这些影响大概率会伴随人的一生，终身不可逆。

■

网游成瘾的研究发现，网游成瘾对大脑的功能和结构都会造成影响。在大脑功能上，网游成瘾会造成人的前后扣带回、纹状体以及负责执行控制让人们兴奋起来的相关额叶区域过度活跃，反映出网游成瘾者很容易被游戏刺激而诱发激烈的脑活动。同时，在脑岛、感知觉相关的脑区，负责执行控制让人们冷静下来的相关额叶区域活跃程度降低，反映出游戏难以让网游成瘾者冷静下来（Yao et al., 2017）。

在大脑结构上，网游成瘾同样会使人的前扣带回、眶额皮质、背外侧前额叶等区域灰质减少。灰质是我们大脑最外层的大脑组织，是神经元及其树突聚集的部位，在新鲜标本中呈现灰色，所以称为灰质。神经元之间存在电突触或者化学突触活动，形成复杂的神经活动，包括语言、情感、判断、身体控制等。眶额皮质、背外侧前额叶等区域都属于额叶皮质，是负责大脑决策、判断、逻辑等高级认知活动的核心区域。

这个区域灰质密度的减少，会显著影响与其相关的认知功能。这也是造成网游成瘾人群自我控制能力、决策能力等受损的根本原因。灰质密度减少可能是神经元的树突减少所造成的。树突是神经元分出的较短的突起，就像一棵树上复杂的树枝一样。它负责接收来自其他神经元的信号，然后传导给神经元胞体。人类树突的任何特性变化都可能会影响到神经元和神经环路所执行的功能，并且可能会带来人类认知上的特殊变化。树突的减少将会使神经元接收信号的能力减弱，造成神经元之间联系的减弱，进而降低人的认知功能。

目前，由此类神经元树突受损而引起的对人类认知功能的影响尚缺乏深刻研究，还不确定这种损害是否能恢复，以及能恢复到何种程度。

如果成瘾程度较重，那么也可能直接造成神经元的死亡，进而造成永久的损害。神经元的死亡会直接中断某些信号传导通路，造成细胞之间原本建立的相互联系中断，这一细胞涉及的功能就可能消失或减弱。例如，记忆力衰退、逻辑能力降低等。这种损害是不可逆的，因为神经细胞不会再生。即便后来经过训练，这些功能可能被其他的脑细胞代替，也难以恢复到原来的程度。

■

网游成瘾会对我们的认知能力和大脑结构造成损害，这点我们要十分警惕。但是，如果你已经是网游成瘾者，即便损害已经形成，也一定要及时停止玩网游，尽早戒除网游成瘾，恢复到正常的生活。面对损害，及早停止成瘾行为可以让我们有机会在很大程度上恢复大脑功能。面对成瘾要及时悬崖勒马，戒除成瘾什么时候都不会太晚。

承认现状：获取帮助的前提

“我没有任何问题，你们才有问题！”

“放心，只要我愿意，我随时都能停止游戏！”

“我就是无聊时候玩一下游戏，不会耽误学习的，你放心吧！”

很多网游成瘾者或网游重度玩家，即便在面对已经不堪的生活现状和自己根本无法控制的游戏冲动时，仍然会坚持说自己对游戏行为有足够的把控，不会成瘾。他们自我感觉良好，坚信自己能把控一切，觉得游戏只是一种娱乐方式。

但很不幸，这种感觉不是真的。心理学家利昂·费斯汀格（Leon Festinger）提出了认识失调理论（cognitive dissonance theory），来解释态度和行为之间不一致的情况。当我们做了一件自己并不认同的事情时，比如知道自己不应该熬夜（态度），但是半夜的时候却玩手机停不下来（行为），就会产生不舒服的感觉，这种感觉就是认知失调。然而，我们有强大的自我安慰能力，我们会想“我要是睡觉了就错过这次机会了”，或者“偶尔熬一次夜也行”。于是，我们很容易地说服自己，让自己心安理得。

费斯汀格让一些被试花一小时做无聊的任务，实验结束时要求他们把这个任务推荐给别人，并且给他们实验报酬（一些人可以拿到1美元，一些人可以拿到20美元），接着他们需要评价刚才的任务是否有趣。令人意外的是，只拿到1美元的被试比拿到20美元的被试评价这个任务更有趣，更愿意推荐给他人。

不论拿1美元的人，还是拿20美元的人，他们都无法否认这个任务很无聊，但是却要介绍给别人，于是态度和行为之间产生了失调。好在拿到20美元的人合理化了他们的行为，他们可以名正言顺地告诉自己就是为了钱才做出这样的行为，反而心安理得。而那些只拿到1美元的人心情比较复杂，他们无法给自己为了1美元而出卖良心的行为一个很好的解释。于是，他们拼命告诉自己，这个任务其实很有趣，以此来缓解因认知失调产生的不适感。

过度游戏必然伴随着成绩下降、工作效率降低等问题，玩家也在一定程度上意识到了这一点。于是，“我必须停止游戏给我的负面作用”（态度）和“我停不了玩游戏”（行为）产生了冲突。他们必须要给这个行为一个合理的解释，否则很难缓解自己的不安情绪。于是就会产生如“我其实能很好地控制玩游戏的行为，只是我暂时不想而已”这类想法。这样他们就会给自己的行为一个合理化解释，以缓解内心的不安。时间一久，他们甚至对自己已经合理化的态度毫不怀疑。其实，这并不是他们对待游戏的真实评价。

■

目前，对网游成瘾者的干预较少使用药物，更多的是从心理咨询和治疗层面进行干预。

心理咨询与治疗是心理医生对来访者的心理进行帮助的过程。但是一些网游成瘾者的态度会让家人愤怒：明明控制不了自己的行为，却嘴硬，强调自己没事，不肯接受治疗。这一态度也会让心理医生无可奈何，因为他们拒绝承认上瘾了，心理医生也很难对症下药。我们永远无法叫醒一个装睡的人，心理医生也无法帮助一个拒绝帮助的人。否认会使网游成瘾者深陷泥潭，无法获得有效帮助。只有越早承认自己在控制游戏行为上的无能为力，才能越早地走出危险状态，恢复正常生活。

很多网游成瘾者，只有在成瘾达到非常严重的程度时，才肯接受建议、寻求帮助。心理医生会首先依据其状态进行一个全面的评估，包括各类身体或精神状态的检查。同时，还要求网游成瘾者提供网游成瘾史和个人、家庭的状况。心理医生会根据这些特征，为其制订个性化的治疗计划。这是目前最有效的帮助人们克服网游成瘾的途径之一。

网游成瘾者需要明白，心理咨询与治疗并不一定是立竿见影的，它不像我们感冒了吃些药就能很快见效，而是一个缓慢的过程。这一过程中会经常出现不断反复的现象，这是非常正常的表现，切不要因此怀疑心理治疗的价值。心理咨询与治疗的方案通常是灵活的，为了满足不同个体的需要，心理医生制订的方案也存在巨大的个体差异。因此，治疗过程中通常具有不同的方案供选择。

■

我们要改变对心理咨询与治疗的认识：正如人感冒了看医生不会是什么不光彩的事，人在心理上需要医生帮助也是非常正常的。目前国内有些人认为看心理门诊是不体面的事，唯恐被别人知道，甚至偷偷摸摸地来到心理门诊。我们要清楚的是，每个人的心理上都可能有过不去的坎，仅凭自己的力量难以克服。这时候就需要专业人士的帮助，才能走出困境，恢复正常的生活。

心理咨询与治疗的过程建立在医生与来访者双方信任、良好沟通的基础之上。在这基础上，心理医生才能够运用他们的专业技能，为来访者提供有效的帮助。因此，心理咨询与治疗的过程中来访者一定要积极配合心理医生，让心理医生真正了解自己的状况，找到真正有效的问题解决策略。如果来访者对治疗一直有抵触心理，心理咨询与治疗则很难发挥作用。

心理医生在咨询与治疗过程中主要是倾听并引导来访者思考，运用相应的理论和技能，帮助来访者自己去疏导相关问题，厘清问题现状，进而决定下一步的行动。心理医生会给来访者最大的尊重和理解，不会强迫来访者做某些不喜欢的事情。来访者会感觉心理医生是真正在倾听自己的心声，真正能理解自己的心理。

所以，如果玩家发现自己有难以控制的对网游的渴望，一定要大胆地去接受咨询或治疗。心理医生能给予好的交谈体验，引导玩家真正认识自我，分析问题的症结，协助制订计划，最终帮助玩家走出网游成瘾的泥潭，走向正常的生活。

家庭：预防网游成瘾的第一道防线

一位母亲的叙述：

孩子爸爸是个喜欢玩游戏的人，有时候孩子要玩也就让他玩一下。用他爸自己的话说，他自己就是玩着游戏长大的，不是也没事么？有时候，孩子不好好吃饭，就答应他如果好好吃饭，就让他玩一会儿游戏，这一招的确是非常有效的，让我们没有了像其他家庭里追着孩子吃饭的场景。

孩子小的时候，只是玩一些简单的游戏。但随着年龄的增长，他显然已经不再满足于那些简单的游戏，而是逐渐尝试玩一些大型的网游。刚开始玩的时候，提醒他一下还能听进去，玩一会儿就不玩了；但是到后面事情越来越失去控制，他开始变得很上瘾，甚至半夜偷偷躲在被窝里面玩；周末撒谎去同学家聚会，其实是跑到网吧玩网游。

他的成绩本来在班里是中游水平，但是自从沉迷网游之后，成绩一落千丈，已经是班里最后几名了，老师经常提醒我关注他的学习，但我几乎没有有效的办法。他现在个子比我高，脾气比我大，我没办法从行为上强制他远离网游，而言语劝说却毫无用处。

现在，他为了玩网游，开始撒谎了。最近要我给他买台配置高的电脑，说可以听网课、查资料，还可以学习计算机编程课程。我最初是不信的，怕他用来玩网游。但他态度诚恳，摆事实、讲道理，给我们分析利弊。我信以为真，就给他买了一台。

刚开始用新电脑那几天，的确不错，似乎大多数时间他都用于学习。但是，很快一切就变了，玩网游成了他的主要内容，后面更是变本加厉。要是不让他玩，他就大吼大叫，也不肯吃饭！有时候说他说得狠一点，他甚至要离家出走。

■

防患于未然，预防是最好的治疗方法。在网游成瘾之前采取行动，警示潜在人群网游成瘾的害处，能有效防止网游成瘾在青少年中蔓延。而且，让有成瘾风险的人远离成瘾，可以反过来降低网游对这个社会造成的负面影响，阻止网游被污名化的倾向。

从宏观层面，社会必须让每个人认识到网游存在成瘾风险，且一旦成瘾会对人造成严重的危害。目前，在反对烟草滥用的警示上已经有成熟的操作策略，包括在烟盒上标有"吸烟有害健康"字样，并印刷吸烟所带来危害的图片，在公共场所设置禁烟标志，提示吸烟的坏处等。虽然这些警示并不一定能促使吸烟者戒烟，但是它能够在人们初次接触烟草时得到明确的提醒，让人们在迈出第一步时能有所权衡。

网游也应该借鉴烟草的警示策略。例如，在玩家每次打开网游的时候，以非常醒目的方式强制提示网游成瘾的风险。虽然这样的警示同烟草的警示一样，并不一定能帮助人们戒断网游，但是起码让那些第一次接触网游、对网游充满好奇的青少年了解网游成瘾的风险，在他们脑海中"植入"警示信息。同时，应该在学校、公共媒体平台上普及正确的心理学、医学知识，避免将网游污名化。

学校也应该提供相应的教育和警示。在欧美国家进行的针对成瘾性物质的教育和预防计划，被证明减少了青少年摄入酒精和吸食大麻等行为的频率。而这些计划所花费的预算，不到治疗酒精中毒或戒毒费用的十分之一。当学校向青少年展示成瘾的危害时，他们愿意听，并且也在一定程度上反映在他们的行动上。对于网游，学校可以通过播放宣传片或开设课程等让学生充分认识到网游成瘾的风险，对潜在的玩家起到提醒作用，对具有成瘾趋向的人发挥警示作用。

■

在预防孩子网游成瘾这件事上，家长才是最重要、最关键的人。家长与孩子朝夕相处，对孩子的了解更多，对孩子行为有更大的影响。同时，家庭环境和家庭氛围对孩子成长具有关键作用。

在当今网络社会，完全隔绝网游的信息几乎是不可能的。那么作为家长，要怎样做，才能做到防患于未然，让孩子在正常的范围内接触网游，而不会影响其正常学习、生活呢？

第一，孩子会模仿大人的行为，所以家长要以身作则，如你希望孩子成为什么样的人，首先自己得先成为那样的人。家长要严格要求自己，用自己的行为给孩子营造一个好的家庭环境。例如，家长喜欢运动，孩子大概率喜欢运动；家长喜欢读书，通常孩子就会喜欢读书。同样地，家长如果整天打游戏，那么孩子也可能养成对游戏的偏爱。所以，家长要多带孩子去体育馆、图书馆、博物馆等能够有利于孩子保持身体健康，开阔视野的地方。通过这些活动，让孩子发现生活中有趣的事情很多，有很多未知的世界可以去探索，能获得成就感的方式很多，而这些过程都可以让自己感到快乐。让网游仅仅成为其中一种选择，甚至是排名比较靠后的选择。

第二，鼓励孩子的探索行为，多给他们正面的反馈。让孩子在探索行为上找到成就感和价值感，建立自信；鼓励孩子在日常生活中多思考、多发现；提高孩子驾驭时间的能力和信心，不断增强自我效能感。切忌一有问题就批评孩子，且批评的内容超出了事件本身，异化为人格攻击。这样会大大挫伤孩子的自信心和自尊心，致使其丧失探索的兴趣。

第三，积极关注孩子的心理变化，及时缓解他们的情绪波动。有很多孩子在遇到情绪问题时，会选择游戏作为情绪疏导途径。因此当孩子遇到挫折的时候，家长要及时帮助他们合理地查找原因，逐步改变自己消极的认知反应过程。

第四，不能以玩网游作为奖励。部分家长喜欢将游戏作为孩子“表现好”的奖励，例如孩子按时完成作业或是考试得了高分，奖励他们一定的玩网游时间。这一操作会大大强化网游在孩子心中的地位，增强孩子对网游的渴望。这恰恰与我们追求的防止孩子过分沉迷网游的目标相左。有的父母对孩子进行的物质奖励往往是游戏产品，一旦发现孩子迷恋又要求孩子克制，提高自控力。这种自相矛盾的行为让孩子困惑。

第五，限制孩子玩网游的时间和地点。时间限制，就是提前跟孩子商量好，每天只能玩多长时间网游，超过时间就不可以玩了。地点限制，就是明确规定只能在家里客厅玩（尽可能不要在孩子做作业的地方玩，这容易混淆做作业的体验和网游的体验），这样孩子的行为可以在父母的监督之下。此外，要严格规定不可以去网吧。同时，要跟孩子确认违反双方约定的惩罚措施，且严格执行。

第六，为孩子创造更多与同龄人互动的机会。家长可以利用节假日带孩子走出家门，亲近大自然，培养他们更多的兴趣爱好；同时，给孩子创造与同龄人互动的机会，让他们结识更多的同龄人，建立真实有效的人际关系。

第七，对于年龄稍大的孩子，可以通过生涯规划帮助孩子明确成长的方向。有的孩子玩网游的重要原因是生活没有目标，浑浑噩噩。恰当的生涯规划可以让他们建立持续的学习目标和动机。

第五章

网游成瘾的治疗

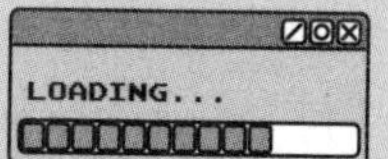

戒除网游成瘾是个缓慢的过程

成瘾人群大脑中“住着”两个淘气鬼，一个叫“渴求”，另一个叫“戒断”。“渴求”促使人们不断重复使用药物，满足自己的渴望，最终导致大脑对药物产生依赖。我们在第三章着重介绍了其中的生理基础。“戒断”使成瘾的人停止或大幅减少使用成瘾性物质后，出现与使用药物时相反的症状。它让人思维混乱、精神狂躁、身体频繁抖动、打哈欠、流眼泪，仿佛忽而置身冰天雪地，忽而大汗淋漓，给身体带去排山倒海的疼痛。

“渴求”披着光鲜的外衣，它仿佛来自天堂，吸引着我们靠近，因为它让人心情愉悦，一碰它就产生极高的愉悦感；“戒断”仿佛来自地狱，它能让人痛不欲生，让人身心崩溃。

成瘾性物质可卡因能通过加强人体内化学物质（如多巴胺）的活性来刺激大脑皮质，使中枢神经兴奋，让人精神亢奋、好动、情绪高涨。戒断可卡因后，成瘾者除了对其产生强烈的渴望之外，还会产生疲劳、焦躁、情绪躁动、极度消沉等。网游成瘾也是如此，成瘾者沉浸在网游中时感觉兴奋、愉悦，甚至忘记睡眠，但是一旦戒断网游，就会情绪烦躁，难以集中注意力，郁郁寡欢，痛不欲生。这些戒断反应一直在动摇或是摧毁成瘾者脆弱的戒除成瘾的意志。

网游成瘾的戒除过程极其痛苦而艰难，下面将进行详细介绍。

■

成瘾的戒除是一个漫长而艰巨的任务，简单地停止成瘾行为并不算真正的成功，它只是万里长征的第一步。目前，完整的医学戒除成瘾的治疗过程包括四个环节：生理脱瘾、心理脱瘾、康复治疗和回归社会。很多的成瘾者在生理脱瘾和再次成瘾过程中不断反复，停滞不前。

1. 生理脱瘾

生理脱瘾，其实就是对抗“戒断”这个恶魔的过程。成瘾是外部物质或行为直接刺激奖赏区域而产生快感的过程，代替了传统上人体内源性分泌多巴胺的过程。戒断则与之相反，它使人们逐渐摆脱外部依赖，恢复能自身产生多巴胺的过程。

戒除过程中带来的强烈的戒断反应要求成瘾者的意志足够坚强，否则可能会被它控制躯体、摧毁意志。

因此，对于很多戒毒的人来说，如果没有医学上的辅助抗痛，他们一般很难扛住这种超乎人类极限的生理痛苦。缺乏专业知识和专业辅助药物的普通人难以有效减轻成瘾者的痛苦，甚至可能给他们造成更大的风险。因此，戒毒机构便是成瘾者戒除毒瘾的首选。

对网游成瘾者而言，网游相对于传统成瘾性物质，其依赖性较弱，但也大大超出正常水平。我们很难让一个随时可以接触网游的人戒除网游成瘾。因此，戒除网游成瘾的第一步是远离网游，然后直面戒断反应。

2. 心理脱瘾

俗话说，心瘾难除。心理成瘾会使人变成“行尸走肉”。网游成瘾会降低人的自我控制能力、决策能力等，还会损伤大脑中枢神经系统，让人做出情绪性、冲动性行为。因此，人们一旦开始体验到网游的美好，就极有可能反复出现玩网游行为，直至最终发展成为网游成瘾。

一旦人们对网游产生依赖，沉浸在网游的快乐中，就容易导致他们在离开网游的时候急切地渴望回到网游。它犹如一颗种在心里的种子，在脑中扎根、生长、开花，形成心瘾。

心瘾不同于戒断反应中躯体上的那种生不如死的感觉，而是在网游成瘾者脑中循环播放一个声音——“再来一局”。任何的情绪波动都可以成为玩网游的借口。不能玩网游，便会是抓心挠肝般的难过。

心理脱瘾，就是要学会对待无法接触网游时不正常的心理和行为，比如情绪低落、冲动易怒、自卑等。这一过程让我们的神经系统逐渐修复由于过度沉迷网游带来的损害。而这正是目前网游成瘾戒除中最困难的环节。心理学家和心理医生迄今尚未找到一个彻底解决成瘾者心理问题的完美方法。他们更多的是引导和协助成瘾者依靠自身的能力走出阴霾，回归正常生活。

3. 康复治疗

成瘾导致的生理损伤和心理依赖等，都需要一个漫长的周期来调整。这段时间里，同样需要成瘾者具有坚强的毅力和决心，才能恰当处理自己的情绪波动和外部诱惑。即便一个人在戒除成瘾行为期间保持强烈的戒除动机，我们也无法保证他在日后的生活里能够长期维持这种动机。任何的放松和妥协都能将他们重新拉回成瘾状态。

生活里我们常面对失败、挫折、压力等问题，这些消极的情绪对任何一个人都是一种挑战，它要求我们具有良好的情绪调节能力。但是，对曾经有过成瘾体验的人来说，挑战将更加严酷。以前遇到类似问题，一局游戏就可以让他们忘掉一切，而现在他们必须经受严苛的考验，熬过情绪的波动和抑郁。

因此，成瘾戒除的一个最大挑战，也是迄今为止最令人沮丧的问题，是它超高的复发率。有研究发现，毒品成瘾者戒毒后复吸率超过95%（Werneck et al., 2018）。虽然网游成瘾的复发率要显著低于毒品成瘾，但是重新回归网游成瘾的人群比例仍然很高。因此，对于曾经有网游成瘾经历的人来说，他的生活里布满了“地雷”：网页上的游戏广告弹窗、朋友的热情邀请，再加上平淡甚至充满了挫败感的生活等，这些“地雷”一不小心就会被引爆，让所有的努力化为泡影。

4. 回归社会

有过成瘾经历的人，在回归正常生活时，他人的评价会带来显著影响。尽管我们的社会倡导要平等对待每一个人，但是，如果我们知道某些人有吸毒经历之后，就很难用平常的心态去面对他，甚至会刻意疏远、排斥他们。网游成瘾的青少年戒除网瘾，回归正常生活后，仍然有极大概率会成为同伴谈论的话题，甚至被其他家长视为问题学生，警告自己的孩子不要接近他们。

群体的态度有可能给他们的心理造成额外的压力，让他们带着一种自卑的心态面对同学和老师，甚至为了靠近大家，会故意去讨好同学和老师。如果这种情景反复出现多次，便会极大挫伤他们的积极性和热情，甚至形成消极悲观的态度。每当这个时候，来自网游的诱惑会进一步被放大。在他们找不到很好的方法融入社会的状态下，如果不能很好地调整好自己心态，只得再次选择“破罐子破摔”。

对成瘾戒除者来说，即便降低了对网游的依赖，如何建立乐观积极的生活和工作态度，重新建立对生活的自信，把自己与正常社会联系起来，是一个具有挑战性的任务。在这过程中，家人、老师和同伴应该积极关注，给予他们更多的鼓励和支持，让他们更好地融入集体，进而恢复正常的生活。

■

再次重申，戒除网游成瘾是一个漫长而艰巨的任务，成瘾者的家人一定要做好长期坚持的准备，不要期望通过某种“巧妙”策略或者短期干预就能够快速解决。同时，即便成瘾者成功远离了网游，可能也只是生理脱瘾，这时候家人不能掉以轻心，认为已经大功告成。一定要把心理脱瘾、康复治疗、回归社会等各个环节都加以综合考虑，把戒除网游成瘾作为一个长期过程来对待。

练习控制自己的行为与渴求

读过奥维德（Ovidius）《变形记》（*Metamorphoses*）的人可能记得其中有个故事，女主人公在对自己情人的爱和对父亲的责任之间，左右为难，痛苦万分。她感叹：我的骑象人理性地告诉我哪条路是对的，但是我内心的大象却把我带到了错误的方向。

美国心理学家乔纳森·海特（Jonathan Haidt）写了一本《象与骑象人》（*The Happiness Hypothesis*），

用“象与骑象人”比喻理性和感性之间的关系。他认为，人的心理有两部分，一部分是人们内心的自动化系统，包括内心感觉、本能反应、情绪和直觉等，作者把这一部分比喻成一个大象；而内心的另一部分就像骑在大象背上的骑象人，他能进行各种理性的思考、提出理性的要求，但是却无法完全控制大象的行为。

“象与骑象人”的比喻告诉我们，人们的本性就像一头大象，它具有强大的力量。人的很多选择都是自动决定的，自动化是人们很多行为的决定因素。例如，立志减肥的人明明知道晚饭不能再多吃了，但还是忍不住把筷子伸向火锅里香喷喷的涮羊肉。沉迷游戏的人明知道再玩游戏就耽误学习或工作了，但还是控制不住再来一局的冲动。

我们的理性，就像骑在大象身上的人。尽管自认为具有控制和驾驭权，但其实是个相对渺小的存在。虽然骑象人能指挥大象，但是如果大象真的想做什么，骑象人根本没办法左右。大象随时可能挣脱我们的束缚，违反我们的命令，甚至对我们造成伤害。因此，一厢情愿地认为自己能控制自己的冲动是很难实现的。成功学的演讲往往让我们有一种可以把控人生方向的感觉，让我们兴奋不已。但是，这种感觉是短暂的，几天之后就可能烟消云散，不记得自己曾经定下的目标，一切将回到原点。

■

在这里讲“象与骑象人”的故事，不是想说明人根本控制不了自己，也不是说我们对网游成瘾行为无能为力，而是想说明人们要努力控制自己，就必须努力遵循一定的规律：人们只能与大象合作，因为人们无法在违背大象本身意愿的情况下命令大象。

一个能有效控制自己情绪和欲望的人，其内心的骑象人必然技巧高超，懂得在不跟大象的意志直接起冲突的情况下，富有技巧地分散大象的注意力，把大象安抚得服服帖帖。网游成瘾者要控制自己的游戏行为和游戏渴求，也要掌握一定的技巧，进而达到自己的目的。

要安抚大象，我们就要先了解一下大象的“脾气”。只有了解了大象的“脾气”，才可能有效控制它。

大象的第一个“脾气”，叫适应。入幽兰之室，久而不闻其香，这其实就是适应的体现。适应其实是神经元的一种特性，新的刺激出现时，神经细胞会产生强烈反应。但在反复接触之后，神经细胞会逐渐“习惯”，对已适应的刺激反应会趋于缓和。在现实中，一个人对现状是否满意，不是和过去相比，而是和他已经适应的条件相比。例如，新买了房子会让人感觉非常快乐，但是如果已经在这个房子里住了几年，就没有那么快乐的感觉了，因为已经适应了有房子的生活。因此，我们可以理解为什么很多人刚买了好看的衣服，很快就又想买新衣服。

大象的第二个“脾气”，叫进展原则。每当人们做了一件让自己满意的事情后，大脑会分泌多巴胺，让人们感到愉悦。缺点是这种感觉持续的时间并不长，它很快会消失。进展原则强调的是如果人们是在向目标一步步前行的过程中，就会不断感到幸福与满足。进展原则侧重朝着目标前进比实现目标要更有动力，更快乐。

■

人们希望改变自己，会把着眼点放在自己的劣势上。比如很多人每年都会许下新年的愿景，告诉自己要改掉什么缺点，但结果却是下一年也许下同样的豪言壮语。问题的根源就在于，人们内心深处的“大象”是很难改变的，单靠意志力就想改变自己的个性并不容易。人们立志去克服自己的劣势，这个过程必然是痛苦的，大概没人会乐在其中。“大象”在这一过程经常想摆脱束缚，违抗命令。

所以，人们要把侧重点放在发扬自己的优势上，去做那些能带来持续快乐的事情，最终达到利用自己的优势来克服自己的劣势的目的。对于想控制自己过度沉迷网游的人来说，如果一味把重点放在克制玩网游这个行为上，往往很快就会打退堂鼓，除非他们有超强的意志力。

人们都希望能够发挥自己的潜力，展示自己的优势，找到自己内心真正热爱的事情。当人们全力以赴的时候，往往会发自内心地感到幸福。因为这个时候人们更容易进入心流状态，也就是忘记了时间，全力以赴地把事情做到极致，产生成就感和价值感。因此，网游成瘾者可以通过做自己擅长的事情，创造成就感，在发扬优势的基础上达到克服游戏冲动的目的。

很多人说，找到自己的优势并努力去发扬它，这个道理我懂，但我的确不知道自己有什么擅长的事。如果实在找不到自己特别擅长的东西，我该怎么办？

当我们看到电视上年轻的消防队员不顾安危救人的时候，当看到别人为了他人或社会的利益而牺牲自我的时候，我们会热泪盈眶，被他们的精神感动。

在那一瞬间，我们的思想得到了升华。其实，网游成瘾者也可以做类似的事情来创造成就感。他们可以尝试加入某个组织或群体，去做超越自我意义的事情，通过加入一项超越自我意义的事业而获得自我成就感。如果有能力，他们可以尝试帮助某些弱势群体，可以去当社区志愿者，用自己的行动去帮助别人。受助人的笑容会让助人者感觉无比温暖。那一瞬间，他们会体验到一种超越自身生存基本需求的成就感，这种成就感会不断激励他们继续努力，做得更好。就是在这个不断获取成就感的过程中，他们可以逐渐战胜自己对网游的过度渴望，逐渐驾驭心中的那头“大象”。

戒除网游成瘾的流程

心理医生都是经过严格训练和临床实践的专业人员，在咨询和治疗中会遵循一定的流程。这一流程是目前综合科学研究和咨询经验而得出的最佳策略。图 5-1 是心理医生在整个治疗流程中遵循的大致策略。不同学术流派的策略略有差异。

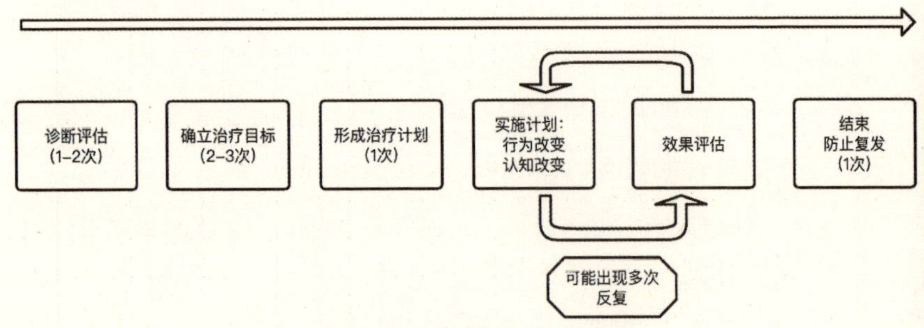

图 5–1　心理医生在治疗流程中的大致策略

如果纯粹从改变一个人成瘾行为的角度讲，心理咨询或干预可以分为四个步骤：接受、领悟、觉醒和重建。其中，接受和领悟属于第一层级，目的是承认现状，接受自己处于某种症状之中，其中接受是领悟的前提；在此基础上是觉醒和重建，目的是消除症状的发生基础，体悟到成瘾的害处并努力改变，借机获取心理的成长，其中觉醒又是重建的前提。

网游成瘾干预的初期目标是接受现状，将冲突的问题维持在意识层面。直面真相是消除问题的前提，从而提高行动力，这是心理治疗初期的主要手段。一种已经习惯了的生活状态需要被改变，必然会导致心理上的动荡。接受现状之后的治疗，主要目的是促使他们形成新的生活状态，从而化解危机，实现自我超越。

本书接下来会介绍一些当前临床上应用比较多的或者被认为具有应用前途的网游成瘾干预策略。不同的心理医生应用的策略可能不同，但他们所要达到的目标是一样的，只是在达到目标的路径上存在差异。

■

针对网游成瘾的治疗，通常遵循一定的模式。心理医生会根据网游成瘾的特点进行适当的调整。

必须清醒地认识到，如果想戒除网游成瘾，简单依靠自身意志力取得成功的概率会很低。因为，意志力无法帮我们改变遇到的成瘾问题，无法帮助我们重建心态。要想努力戒除网游成瘾，应做到以下几个方面：

1. 承认现状，认识到网游成瘾的危害，重建自己对网游行为的认知

本书第二章介绍了网游成瘾的原因，它更多是由于人处在相对痛苦的环境或心理状态之中，需要寻找一个心灵慰藉的方式，而网游恰好满足了他们的这种需求。最终，由于不断重复玩网游而走向成瘾。

因此，戒除网游成瘾的第一步，是找到当初让自己不得不通过玩网游来获得奖赏快感的原因。也就是，找到生活里造成奖赏快感缺乏的根源。如我们前面提到，有些人因为在学业或工作中无法获得成就感，遭遇连续失败造成习得性无助，玩网游是他们找到把控感的来源；有些人因为家庭教育的问题，无法获得足够的爱和支持，转而在游戏中寻找寄托；有些人则是因为巨大的压力让他们产生失控感，将玩网游作为一个压力宣泄口。

只有真正找到了沉迷网游的原因，才能理解网游满足了成瘾者哪些心理需求，才能在这基础上尝试为他们提供或修复这些需求，让他们远离或者改变让自己产生痛苦的环境，尝试用社会接纳的策略来获取自己所需要的快感和社会支持。

2. 重建自己的行为，消除成瘾的发生基础，用好的习惯代替网游成瘾行为

很多人都会努力去戒除网游成瘾，于是强迫自己停止玩游戏，但这样做往往很难成功，因为它需要持续投入意志力去控制自己的游戏冲动，而自我控制的认知资源是有限的，可能会耗竭。如果想减少认知资源损耗，就需要提供替代行为，用习惯代替

意志力是很好的选择。习惯从来都不会消失，因为它们已经被嵌入了思维惯性中。改掉坏习惯最好的方法不是抹除它，而是用好习惯代替它。习惯涉及大脑回路，如果用理智强行压制它，可能随时被再次激活；但如果用一个新的行为来代替它，这条习惯回路还是完整的，不会造成大脑的激烈抵触。

游戏给我们带来愉悦的行为模式会根深蒂固地刻在大脑里，能随时对我们的意志力发起进攻，让我们的努力功亏一篑。通过努力建立一种好习惯来逐渐代替坏习惯是防止控制失败的重要保障。比如，当你想玩游戏的时候，就站起来做十个深蹲，或者把地板拖一遍，或者到操场上跑一圈等。我们应至少寻找一种不同的行为来代替游戏行为，然后让自己坚持下去。因为深蹲、拖地或者跑步这些行为可以让我们的自我控制获得休息，接下来我们就会有更多认知资源来用于控制自己的游戏冲动。

重塑自己行为的另外一种方法是获取团体的支持，比如和具有相同问题的人相互鞭策，一起克服网游的诱惑；或者和具有相同兴趣的人相互鼓励，一起培养新的行为习惯。团体的力量可以给个体行为提供更多的动力支持，有利于个体克服坏习惯。

3. 在戒除网游成瘾的过程中，要尽量远离成瘾的环境

与网游相关的环境会唤起我们的记忆，激起玩网游时的快乐体验，进而诱发人们对网游的渴望。而被诱发的网游渴望是戒除网游成瘾过程中最重要的阻碍，它会损害已有的戒除成果，将玩家重新拖回游戏世界里。

所以，在所有类型成瘾的戒除中，远离成瘾环境能发挥极其重要的作用。这种方法被称为物理戒断，也就是在物理空间上把与成瘾相关的内容隔开，让成瘾者无法接触到成瘾内容。对毒品成瘾者来说，戒毒所在一定程度上承担着这一功能。但是，网游成瘾并不是国家规定的需强制戒除的行为，所以需要我们自己学会控制。学会远离网吧，远离那些和你一起玩网游的人，甚至不讨论任何和网游相关的话题，以有效提高自身对网游的控制力。

认知行为疗法

目前，在网游成瘾的干预上，应用最广的是认知行为疗法（cognitive behavioral therapy，CBT）。

认知行为疗法是由美国心理学家亚伦·贝克（Aaron Beck）于20世纪60年代开创的针对抑郁症的心理治疗方法。该疗法最初认为，改变抑郁症患者的负面想法，就可以改善抑郁症。相关临床实践证实，改变负面想法的努力确实产生了与药物治疗类似的效果。后来这种疗法开始广泛应用于各类心理障碍的干预和治疗。但是，进一步的研究也发现，仅仅改善认知而不改变行为，其效果仍然不理想。20世纪80年代，认知疗法结合了行为疗法的特征，发展出认知行为疗法。由于这一方法操作规范、应用范围广，迅速成为心理咨询与治疗领域最重要的方法。随着理论的进一步发展，认知行为疗法不仅成为一种疗法，而且成为所有基于认知的心理治疗的总称。不同的流派在认知行为疗法的框架下发展出一些独特的操作，形成了不同的分支，包括辩证行为疗法、接受和承诺疗法、理性情绪疗法、认知加工疗法、问题解决疗法等。甚至随着网络技术的发展，产生了计算机化认知行为疗法等。

在成瘾领域，认知行为疗法是被广泛认可的治疗物质成瘾的心理干预方法，也被应用于网游成瘾的治疗中。认知行为疗法矫正产生心理和行为问题的错误认知，并通过行为来强化正确的认知，通过这两个过程的交互作用达到治疗的目的。有研究发现，同时介入丁胺苯丙酮与认知行为疗法的网游成瘾者玩网游时间的缩短和成瘾症状的改善比单独使用药物治疗的效果更为明显（Kim et al., 2012）；与对照组相比，接受6周认知行为疗法的网游成瘾者的成瘾行为得到改善（Li & Wang, 2013）；经过认知行为疗法后，网游成瘾行为得以改善（Park et al., 2016）。有研究者使用认知行为疗法对17名网游成瘾青少年进行了8期治疗后，发现认知行为疗法不仅降低了患者的网游成瘾程度，还持续缓解了患者的焦虑和抑郁情绪（Han et al., 2020）。

■

认知行为疗法的逻辑基础如下：首先，我们的认知活动能够影响行为。一个事情会引起我们的情绪行为反应，其中介就是我们的认知。我们在认知上对某事件进行评价，然后这个评价会影响我们的情绪和行为。例如，某天你走在马路上，忽然看见一只老虎向你走过来（事件），你知道老虎是凶猛的肉食动物，可能对人进行攻击（认知），你立刻产生恐惧情绪，然后拔腿就跑（情绪与行为）。其次，我们的认知活动是可以觉察和改变的。我们可以通过各种反思策略等觉察到我们的认知活动，觉察到我们自己的情绪，并控制自己不被负面情绪胁迫。同样是面对迎面过来的老虎，你觉察到自己对老虎的评价，你也知道自己很恐惧，但你开始思考，城市马路上的老虎一定不具有攻击性，因为城市里怎么可能有老虎存在，很有可能是假老虎。因此，可以通过改变认知去改变行为。当你在认知上认为这只老虎一定不会攻击人的时候，你的行为和情绪就会发生变化。综上所述，我们可以努力改变一个人的认知，来治疗某些与认知相关的心理问题。

认知行为疗法强调人的认知、情绪和行为三者之间的互相影响。我们的认知会影响情绪和行为，因为只有认知才能解读事件的意义，进而影响行为。例如，早上办公室同事冲你笑了下，如果你认为他是友好地打招呼，那么你会产生喜悦的情绪，然后做出回应行为。但如果你认为他是带着讽刺的嘲笑，那么你可能产生完全不同的情绪和行为。

我们的情绪会影响认知和行为。情绪就像眼镜，我们能通过它看这个世界。于是，眼镜的颜色决定了我们感知到的事物基调。当我们和朋友高兴地聚会聊天时，我们对周围事物的感受更多是积极倾向的，感觉这个社会充满了美好的东西，我们的行为

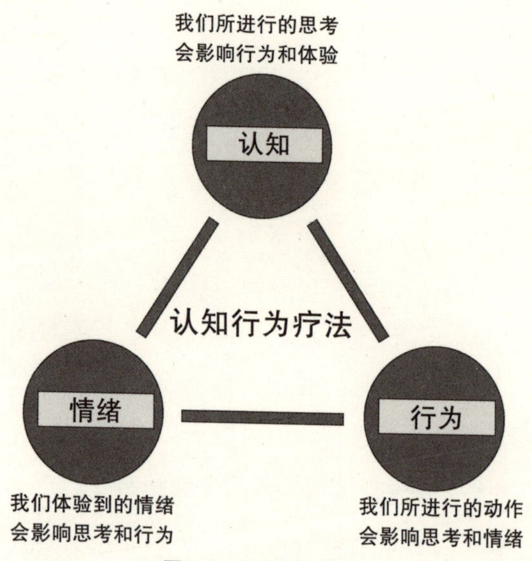

图 5-2　认知行为疗法

也会受影响。而当我们孤独寂寞时，我们倾向于给这个社会负面评价。值得我们警惕的是，消极思想几乎总是带有歪曲性，它是一切痛苦的根源之一。

我们的行为也会反过来影响认知和情绪。如果我们最初以为一件事情很难办，对做这件事就会有畏难情绪。但当我们真的去做了，可能发现事情并没有我们想象的那么困难，于是反过来改变了我们的认知和相应情绪。比如一个人在见到自己喜欢的人时会感到紧张，如果把这种紧张看作正常的身心现象，放平心态，慢慢就可以熟悉、适应、放松下来。

而如果把这种紧张看作不正常、病态，加以排斥和对抗，就会使人持续紧张，并且形成注意力的固着，使问题持续存在。

既然认知、情绪和行为之间能够相互作用，那么我们要努力同时从这三个方面来整体改变一个人的心理，才能收到最佳干预效果。针对网游成瘾的人群，也要努力从不同侧面去改进他们的心理状态，增加成功的概率。

■

假设你想努力克服网游成瘾，可以尝试用下面的心理调节方法改变自己的认知，以更好地控制自己的网游成瘾行为。

1. 觉察自己的想法

当你很想玩游戏的时候，你可以静下来感受这种想法，觉察一下自己对游戏有多么的渴求以及为什么会这么渴求。当你开始觉察自己的想法的时候，就已经迈出了控制自己行为的第一步。

2. 思考这些想法如何引起了自己的情绪

我们进一步反思，玩游戏的想法如何触发了我们的游戏行为？我们该如何看待这件事情，这个事情如何让我们产生了对游戏的强烈渴求？我们有没有办法对这一过程进行适当的控制？

3. 觉察自己的情绪，并且不被负面情绪所胁迫

当你一旦确定感受到自己对游戏的强烈渴求，你就要尝试调整它。当你很想玩游戏的时候，就不要接触任何游戏的环境，不要接触电脑、手机等设备。这个时候，你要认识到自己已经被游戏渴求所胁迫，你要把这种状态想象成一辆高速行驶的车，告诉自己停下来，甚至你可以大声喊：“停下来！”然后离开游戏环境，到一个和游戏完全无关的场景里去。

4. 转换视角看问题

当你非常想玩游戏，感觉所有的努力都无法制止这个欲望的时候，努力换个角度想一想：如果我是父母，当我看到自己的孩子沉迷游戏，我会怎么做？而这些就是现在的你应该去做的。这样换位思考，就能理解父母的行为，也能促使你明确自己应该怎么做。

■

可以尝试下面的策略来更好地管理你的情绪：

1. 承认负面情绪，同时告诉负面情绪你已经注意到它了

当你非常渴望玩游戏时，坐下来告诉自己：“我现在对游戏的渴求非常强烈，是的，这就是我的游戏渴求。我已经注意到你的存在了，我要努力克服你。”这种自我对话为你的认知和情绪提供了一个交流的窗口，你似乎是一个旁观者，看他们两个在辩论。

2. 情绪是一种反应，不一定是事实

情绪是一种应激反应，比如当我们感到恐惧的时候，大多是因为我们觉察到周围环境中存在危险，但真实情景不一定都是如此。同样，对游戏的渴求也是一样，很多时候我们认为游戏是吸引人的，但也并不一定如此。更多时候玩游戏可能只是我们的一种惯性反应，或者是我们无聊时用它来打发时间而已。

3. 训练自己保持积极情绪，而不是消极情绪

如果我们不玩游戏的时候仍然是快乐的，我们的游戏渴求就没有那么强烈。如果我们不玩游戏的时候，生活里充满了无趣和焦虑，那么玩游戏时愉悦的感觉就会被放大。因此，我们要通过日常的训练让没有游戏的生活也仍然充满快乐。比如去做一些自己可以把控和能够处理得很好的事情，让自己的情绪更多时候处于积极的状态。

■

可以尝试下面的策略来更好地控制你的行为：

1. 在产生冲动和做出行为之间，留出缓冲的空间

当有玩游戏冲动的时候，要努力给自己的行为一个缓冲的空间。因为这段时间内，我们的认知才能真正参与到思维过程中。训练的方法很简单，就是注意到冲动时，告诉自己暂停一下，不让自己去做这件事情。我们可以让这个缓冲的时间越来越长，逐步提升自己对玩游戏冲动的控制能力。

2. 勇于承认现状，承担责任

网游成瘾者具有的一个非常重要的特征，即不愿意承认网游成瘾给自己带来很大负面影响的现状。因此，要想改变现状的前提是我们必须直面现在，接受我们行为造成的不良后果，思考下一步怎么做并努力付诸行动。

3. 设置一个渐进式的目标

很多人喜欢在岁末年初给自己设置一个宏大的目标，希望自己在未来的一年能够实现它，但往往很多人没坚持多久就放弃了。造成放弃的重要原因是我们设置的目标过于笼统，缺乏可以执行的方案。对于努力戒除网游成瘾的人来说也是如此。因此，我们设置的目标必须是渐进式的，每一步的操作策略都是清晰的。比如，每天减少玩游戏的时间多少分钟；每次玩游戏必须控制在多少分钟之内等这种可以努力一下就达到的目标，然后一步步强化，不断向最终目标靠近。

■

虽然我们从网游成瘾者的角度提供了一些戒除成瘾的行动参考，但这些只是辅助的干预手段。如果真正陷入网游成瘾中，最重要的一点是尽早寻求专业人士的帮助，在他们专业指导的基础上，辅以上述策略才能真正收到良好的效果。

家庭治疗：改善家庭关系，推动问题解决

我在第四章强调了家庭在青少年心理健康、网游成瘾预防中的作用。以家庭为对象的心理治疗同样很重要。

孩子的网游成瘾通常与家庭的教养方式息息相关。网游成瘾的干预也不要仅限于对孩子进行矫正，要更多地发挥整个家庭的力量，改变家庭的教养方式和家庭环境，进而达到治疗的目的。可以说，治疗不应该是孩子一个人的改变，更应该是整个家庭的一次重新思考和定位。家长作为孩子最亲近的人，应该深刻意识到问题的本质，从根本上解决孩子遇到的问题。

家庭治疗能很好地发挥家庭在整个治疗过程中的作用。家庭治疗是把整个家庭而不是个别家庭成员作为治疗对象，其出发点是将家庭看作一个系统，将治疗的焦点放在改善家庭成员之间的关系上，进而达到对个体进行治疗的目的。其理论依据是人际交往理论，它要解决的核心问题是修正、调整家庭成员之间的关系。家庭成员通过共同的努力，排除

不良的家庭因素对孩子的影响，构建家庭成员之间的和谐关系，进而帮助孩子克服心理障碍，走出网游成瘾的泥潭。

家庭治疗大师萨尔瓦多·米纽庆（Salvador Minuchin）认为，一个功能良好的家庭应该是一个界限清楚的地方，每个成员在其中保持独立性，但同时不牺牲属于家庭的感受。例如，过于紧密的家庭会阻碍每个成员的个体发展，阻碍成员发展出独立的思想和个性。因此，家庭治疗的目的就是要重建家庭结构系统，打破以往不适当的家庭联系，引入良好的应对方式，改善家庭成员之间的相互作用，改善成瘾者应对挑战的能力。

目前的研究也证明了家庭治疗的功效：家庭治疗可以通过修正原生家庭缺陷、平衡家庭成员的权利、提升家庭凝聚力等方式对网游成瘾患者进行干预。有学者对网游成瘾青少年家庭进行研究后发现，通过提高家庭凝聚力和亲密度的家庭治疗，成瘾者玩网游的时间得到显著减少，成瘾行为有所改善（Han et al., 2012）。

■

家庭治疗的主要技术有以下几种：

1. 家庭结构改善技术

这种技术的特征是将治疗的重点放在家庭的组织、关系、角色、权利等结构要素上，发现其中存在不合理的地方，然后去纠正这些问题，改善家庭功能。家庭中父母和孩子会产生冲突，家庭成员之间的界限不清、成员各自的角色模糊等都会影响孩子的身心健康。这种家庭治疗技术就要把重心放在家庭成员的界限上，通过沟通、权力分配等改善家庭功能，确立正常家庭应该具有的结构。

2. 行为干预技术

家庭治疗的行为干预技术将重心放在可观察到的家庭成员之间的行为表现上，而不是言语的说服上。例如，当孩子沉迷游戏时，家庭成员如果完全被隔离在游戏之外，任何劝说都只是隔靴搔痒。家长苦口婆心地劝说往往是无效的，因为并不能打动孩子。这个时候，家长要努力介入游戏过程，和孩子站在同一个“战壕”里，真正体会孩子的感受，才能帮孩子走出网游成瘾。

3. 分析与谈话技术

这种技术强调通过谈话等心理分析来了解家庭成员的深层心理特征和行为动机，着眼于了解和改善家庭成员之间的情感表达，增强家庭成员之间的亲密度。当和网游成瘾的孩子交谈时，尽量不要一上来就谈网游的危害，这样会引起孩子的反感，进而影响整个谈话过程。我们首先要选择孩子感兴趣的话题，获取他们的认同，然后再尝试以“你觉得爸爸妈妈这样做对吗？”等问题来让孩子反思其行为，或者找出孩子与父母矛盾的核心点所在，在这基础上有针对性地解决问题。

4. 策略性治疗技术

这种技术的核心是要对家庭问题的本质有个动态的认识，发现孩子问题的发展轨迹，进而建立一套有步骤的治疗策略，逐步改善家庭关系。因此，这一治疗技术的核心在于通过交流了解问题发展的来龙去脉，发现家庭如何在与孩子的相互作用中一步步走到现在的状态，进而帮助他们厘清其中缘由，寻找改善问题的方向。同时，要让家庭成员努力养成定期自我纠偏，及时发现可能存在的问题，及时调整家庭行为的习惯。这一切的最终目的是使家庭功能维持，并向好的方向发展。

■

上面介绍的相关技术，更多需要在心理医生的主导下进行。而作为家长，应如何帮助孩子更好地戒除网游成瘾呢？以下几点可供家长在日常生活中参考：

1. 网游成瘾可能只是表象，它具有更深层次的心理原因

家长不能仅仅把网游成瘾作为单一问题来看。要结合对孩子的观察了解，全面综合分析孩子在成长过程中的问题和心理状态，探究网游成瘾背后的深层心理原因，然后有针对性地采取具体应对策略。我们必须铭记，找到问题的根源，整个戒除过程就成功了一半。"头痛医头，脚痛医脚"，难以真正解决问题。

2. 逐步引导孩子培养更多的兴趣爱好

家长可以带孩子去做一些他可能感兴趣的活动。例如，带他做曾经喜欢的娱乐活动，去他喜欢的博物馆，创造他跟同龄人一起交流聚会的机会等。通过这些行为转移孩子的注意力，冲淡网游的吸引力，让他发现比网游更为广阔有趣的现实世界。

3. 创造条件，引导孩子追求客观现实世界中健康的优越性

努力让孩子在现实中体验和感受到他自身的价值，发现自己其实能做好很多事情，并在其中获得成就感。多带孩子体验体育竞技、棋类等活动，在难度适中的情况下让他有充分的体验机会，获得满足感。有了现实的满足和优越感，孩子对网游的依赖就会被逐渐淡化。

4. 多关注孩子对于感情的需求

家长要努力静下心来和孩子进行高质量的交流。例如，在周末可以全家一起外出野餐，在家里也可以一起下棋，一起听音乐，与孩子谈谈对社会、对学习的认识等。这些都能让孩子从父母那里得到真实的情感满足。同时，鼓励孩子多跟同龄孩子一起玩，使他们能够从父母以外的人身上得到人与人之间互动的感情交流。这些都是帮助孩子戒除网游成瘾的有效方法。

网游成瘾的其他治疗策略

本节将在宏观上对目前认知行为疗法和家庭治疗之外的网游成瘾治疗手段及其效果进行一个简单的综述。因此，本节主要是给那些在临床干预一线的人员提供一些参考，使其对当前国内外在网游成瘾干预上的最新研究进展有一个初步的了解，以便灵活改进相关的临床干预策略。对普通读者而言，通过本节可以了解目前对网游成瘾干预的最新研究进展，进而努力帮助身边朋友、孩子或学生戒除网游成瘾；对那些正深受网游成瘾困扰，正挣扎在努力自我戒除之路上的人，本节内容可以帮助理解研究者在这方面做出的努力，以及那些可能对自己有帮助的进展。我们必须强调，本节介绍的内容，比如临床药物治疗，或者其他的疗法，都是需要专业人员依据临床诊断结果和治疗的需要而采取的措施，不可自己盲目用药或使用干预仪器，那样是极具危险性的行为。

■

目前，很多临床医生尝试用药物对网游成瘾者进行干预。临床上多使用抗抑郁药物，如安非他酮、依他普仑等来干预网游成瘾行为。安非他酮对多巴胺和去甲肾上腺素的吸收起抑制作用；对5-羟色胺再摄取起抑制作用（Cooper et al., 1994；Han et al., 2011）。有研究发现，经过6周的安非他酮治疗后，网游成瘾者对网游的渴求度、玩网游时间以及网游线索条件下背外侧前额叶的活动显著降低（Han et al., 2010）。相比安慰剂组，经过8周安非他酮治疗的网游成瘾与抑郁症共患被试的网游成瘾程度和平均玩网游时间显著降低，并且4周后的跟踪研究时治疗效果依然显著（Han et al., 2012）。另一研究发现，与非药物治疗的对照组相比，安非他酮治疗组和依他普仑治疗组的网游成瘾患者的网络成瘾测验（internet addiction test, IAT）、贝克抑郁量表（Beck depression inventory, BDI）、行为抑制/激活系统量表（behavioural inhibition system and behavioural activation system scales，BIS/BAS）的评估结果均显著提升，且安非他酮治疗组被试的提升更明显（Song et al., 2016）。这些都表明安非他酮和依他普仑对改善网游成瘾是有效的。

此外，临床上用于治疗注意缺陷多动障碍（attention-deficit hyperactivity disorder, ADHD）的药

物，如阿托西汀、哌醋甲酯，也被应用于网游成瘾者的治疗中（Han et al., 2009; Park et al., 2016）。研究发现，经过 8 周的哌醋甲酯治疗后，网游成瘾与 ADHD 共患被试的网游成瘾程度显著降低（Han et al., 2009）。

需要注意的是：药物的使用必须十分谨慎，应该贯彻能不用药就尽量不用药的原则，防止药物可能出现的副作用。服用这些药物一定要遵医嘱，不能随意服用。网络成瘾作为一种成瘾行为，尽管其表现出与成瘾相似的症状，但毕竟并没有真正的成瘾性物质“劫持”多巴胺系统，更多是行为强化的结果，其行为存在可逆性，认知行为疗法、家庭治疗等传统行为干预措施才是首选。

■

有临床心理医生依据自身擅长的治疗策略和网游成瘾者特点，将应用于其他心理障碍的一些疗法应用在对网游成瘾的干预上，取得了一定的效果。这些方法主要包括折衷心理疗法（eclectic psychotherapy）、自我发现训练营（self-discovery camp）、写说课程（speaking and writing course）。研究发现，这些方法在网游成瘾的治疗中发挥着一定的作用（Han et al., 2012；Palleson et al., 2015；Sakuma et al., 2017），但它们更多是传统心理疗法的变式，具有很强的主观性，难以在临床大范围推广。下面我们分别对这些方法进行简单介绍。

1. 折衷心理疗法

折衷心理疗法又称方法任选疗法，它倾向于对不同理论或学派的观点及方法进行选择、吸收、应用。有研究发现，运用借鉴认知行为疗法、焦点解决短期治疗和动机性访谈疗法的折衷心理疗法对青少年网游成瘾者进行干预，经过13次治疗后，成瘾者玩网游的时间显著减少，成瘾行为有所改善（Pallesen et al., 2015）。

2. 自我发现训练营

有研究者探索了自我发现训练营对网游成瘾者的干预效果（Sakuma et al., 2017）。在训练营期间禁止使用任何游戏设备，并设置了14次认知行为治疗、8次个人咨询、3次医学讲座、1次游戏研讨会和其他非游戏性活动。研究结果发现：经过9天自我发现训练营的干预后，网游成瘾青少年在3个月后的随访中表示玩网游时间显著减少。

3. 写说课程

有研究者考察了写说课程对网游成瘾者的干预效果（Kim et al., 2013）。该课程利用网游成瘾青少年对特定网游的兴趣，让被试通过说和写的形式对该网游进行介绍，以此来减轻成瘾行为。结果发现，经过8周的干预后，网游成瘾者平均每日玩网游时间显著降低。该研究者认为干预渴求度可以减轻网游成瘾的程度，并设计了渴求感行为疗法（craving behavioural intervention，CBI），对网游成瘾的男大学生进行了为期6周的干预，结果发现他们的网游成瘾程度在治疗后、治疗后3个月和治疗后6个月这三个时间点分别下降了44%、36%、33%。

尽管上述这些方法被证明有效，但更多限于单个研究，缺乏系统的针对不同干预方法的研究，对其发生作用的原理、条件以及影响因素等都缺乏深刻理解。同时，这些方法在治疗次数的设置、治疗的时间间隔、治疗操作的规范化等方面都存在很大差异，缺乏统一标准，造成不同的干预策略自成一套，不同方法之间缺乏可以比较的内容。

无论怎样，这些干预策略给我们提供了一个参考。它首先提示我们，通过一定的行为训练可以改善网游成瘾者的成瘾行为，这给基础研究者探索更多更科学的干预策略提供了信心，也为临床上对网游成瘾者的有效干预提供了积极的预期。

■

除了上面介绍的干预策略，目前还有一些仪器辅助的干预手段也开始应用到对网游成瘾者的治疗上。其中，重复经颅磁刺激（repeated transcranial magnetic stimulation，rTMS）和神经反馈技术（neurofeedback training）最有应用前景。

1. 经颅磁刺激

经颅磁刺激是在一组高压大容量的电容器上充电，通过电子开关向磁场刺激线圈放电，刺激线圈表面产生脉冲磁场。根据电磁感应原理，在线圈下的颅内大脑皮质产生反向感应电流，可改变细胞膜电位。当感应电流强度超过神经组织的兴奋阈值时，就会引起局部大脑神经细胞去极化，引起兴奋性动作电位，产生一系列生理生化反应。

其中，重复经颅磁刺激是经颅磁刺激的一种，它是在某一特定皮质部位每次输出两个以上成串的、有规律的刺激脉冲的过程。重复经颅磁刺激主要是通过改变它的刺激频率来达到兴奋或抑制局部大脑皮质功能。重复经颅磁刺激刺激大脑引起皮质可塑性的变化主要表现为长时程增强和长时程抑制。长时程增强可以增加突触的强度并维持较长的时间，长时程抑制则会造成突触强度的减弱。

由于经颅磁刺激无痛、无创伤性的特点，其在临床医学和科学研究中的应用（如抑郁症、成瘾等疾病的治疗和研究）越来越多。重复经颅磁刺激治疗抑郁症是目前得到广泛认可的用途之一，在临床上获得A级（有确切疗效）推荐，并且获得了美国食品药品监督管理局的批准。目前，经颅磁刺激也被尝试用在网游成瘾的干预中，一些研究发现采用rTMS刺激左侧背外前额叶区域有一定的效果（Salling et al., 2016）。未来，科学家对这一领域的研究必将会更加深入，揭示更深层次的心理机制。

2. 神经反馈技术

人类的神经活动是依靠生物电来进行传导的。因此，脑电波能反映大脑的功能特征，又是指挥人类活动的重要组成部分。神经反馈技术是一种基于脑电波的测试和控制技术来实现上述功能的技术。脑电波不同的波段（alpha、beta、gamma等）与人的行为特征有明确的对应关系。不同点位不同频段的脑电波的异常，代表了人体的各种病症。

于是，我们可以在大脑某些特定部位放置脑电传感器，进行脑电波的实时连续采集，然后将采集的数据经过处理之后输入电脑中，与原有的大数据库进行比对，对人的大脑反应进行实时反馈。神经反馈技术起初主要用于儿童多动症等的治疗。后来不断有研究将其应用范畴扩展到对自闭症、抑郁症、成瘾等症状的治疗。

以训练网游成瘾者努力控制自己的游戏冲动为例。我们首先让他们努力尝试控制自己的游戏冲动，同时以在他们大脑上收集的信号为依据，判断他们是否真正在控制冲动，以及某个时刻他们是否真正做到了对游戏的控制。如果他努力在控制自己的游戏冲动，那么就给他一个正向反馈，强化这种努力；反之亦然。其目的是通过实验室里带反馈的冲动训练来增强他对游戏冲动的控制能力。

在整个干预实施过程中，各类仪器只采集大脑发出的信号，不给他们任何外界刺激输入，因此，神经反馈技术不存在任何的副作用，也不会使人产生任何不舒服的感觉。我们的大脑是一个复杂的系统，有时候通过脑电波采集的信号很难精确判断其思维活动。随着计算机技术的进步，这一问题正逐步得到完善。

科学的发展日新月异，未来必将有更多的策略被应用到对网游成瘾的治疗上，我们有理由相信对网游成瘾的干预会越来越科学，越来越有效。

结语

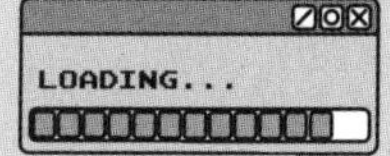

近些年来，人类越来越追求网络世界和虚拟世界带给我们的便利，网络逐渐改变了人与人之间的交流方式，改变了人与这个社会的互动。

日新月异的电子产品、不断提升的网络速度、不断完善的应用软件、丰富创新的游戏设计、日益便捷的支付工具等大大改善了我们的生活，同时也让我们逐渐放弃了去思考更宏观、更长远的人类未来的能力。正如一个人随着年龄的增长逐渐把重心放在应对日常生活的琐碎而逐渐忘记了自己儿时的理想一样。

现今社会，越来越多的人沉迷网络世界，网游成瘾、网购成瘾、网聊成瘾等不断涌现，网络让我们的欲望可以更简单、更便捷地释放，以前因为获取难度大而放弃的内容现在变得唾手可得。于是，我们对各类网络科技产品的依赖越来越强。

问题还在进一步发展：随着科技越来越人性化，科技产品的成瘾性也越来越强。科技公司为了吸引和留住更多的使用者，会努力研究人关注和消费的心理特点，努力设计出让人们更喜欢、更依赖的产品。其结果必然是彻底挑战人性的弱点，进一步放大网络产品的吸引力，使成瘾行为变得更常见，更难以抵挡，甚至成为生活的主流。

在道德上，技术并没有好坏之分。但是，如果企业围绕人的心理特征来进行技术开发，比如充分掌握人成瘾的心理，以让使用者上瘾为目标，那么，起码在目的上就具有一定的非道德性。但是，在竞争日益加剧的今天，一个无法让用户沉浸甚至依赖的技术随时可能面临被淘汰的风险，这又迫使企业不得不设计出更具吸引力的产品。从这个角度讲，企业也是被裹挟进这场大潮中的被动者。

展望未来，与网络相关的成瘾行为必将会越来越多，越来越普遍，也越来越具有破坏性。网络已经渗透进我们生活的方方面面，已经成为现实生活的基础设施，我们已经无法也无处逃避。我们能够让戒酒的人尽量避开酒吧，限制吸烟人吸烟的场所，但是却无法限制网络的使用，因为网络已经成为我们生活的一部分，已经成为工作和学习的工具。

■

现实似乎看起来没有那么悲观。加州大学洛杉矶分校的研究者曾进行过一个非常有意思的实验（Downey & Gibbs, 2020）。他们招募了51个年龄在11—12岁孩子参加为期5天的夏令营。这些孩子平时每天大约使用一个小时的手机，看两个小时的电视，还玩一个多小时游戏。但夏令营里最重要的要求就是不能把手机、游戏机带进夏令营，夏令营里也没有电视机。

他们在夏令营中要学习使用指南针，学习寻找野外的食物，学习野炊。通过这种方法，研究者隔绝了这些孩子与电子产品的接触，孩子需要与人交流，需要注视彼此的目光。遇到开心的事他们一同大笑，遇到难过的事大家一起努力克服。

在夏令营开始之初，研究者进行了一些测试，主要是让他们判断陌生人的情绪状态。在此过程中让他们看陌生人的脸或者听陌生人的声音，来判断他们处于什么情绪状态。当然，在夏令营结束的时候，他们也进行了同样的测试。这个测试的主要目的是考查孩子对情绪线索的敏感性，也就是他们是否能有效地解读出他人的情绪状态。而恰当地解读他人的情绪是一个人理解他人的重要前提，理解他人则是良好社交所必需的技能。

研究结果非常符合研究者的预期。夏令营刚开始时，在一共48道题目的测试中，这些孩子平均弄错

14道；当夏令营结束的时候，这些孩子平均弄错9道题。这说明他们在恰当辨别他人情绪方面能力有了显著的提升。这个研究给我们的启示是，与人面对面的交流可以让孩子更好地理解他人的情绪变化，进而具有更好的社交能力。相反，电子设备让我们通过屏幕与其他人交流，情绪的表达更多通过表情符号，阅读他人情绪的能力就会受到影响。

这个研究给我们的启示是，我们的能力具有极强的弹性，一旦离开网络，我们可以很快在一定程度上恢复某些人际交往的能力，我们的认知具有极强的适应性。未来社会，无论网络科技多么发达，网络交流多么便利，面对面交流仍有其独特的意义和价值。因此，我们要做的，就是在利用网络便利性的同时，保持人与人当面交流的概率与强度。

■

本书虽然论述了网游给我们带来的一些负面影响，但只要恰当把握好度，网游也同样能带给我们很多的便利。面对网游强大的吸引力，我们可以驾驭它，也可以减弱它。正如一匹野马，如果把控不好，我们可能因此受伤，但是，如果我们能很好地驾驭它，我们便获得了一个非常强大的帮手。

当前有很多的网络科技公司都尝试应用游戏的方式，做对人有益的事情。例如，用游戏的方式引导人们学习，用游戏的方式让我们生活更健康、运动更科学、工作更便利等。这些都是利用游戏的特征，以提高使用者的行为动机来发挥作用的，它们的确方便了我们的生活，提高了我们的工作效率，改变了我们的生活。

有科学家利用游戏来改善认知，提高手眼协调能力、注意力、记忆力、快速决策的能力等，且都取得了满意的结果。更有科学家利用游戏来改善老年人的认知，减缓衰老引起的思维能力下降，包括认知灵活性、注意力、短期记忆力、抽象思维能力等。许多研究显示，玩游戏可以全面改善这些能力，还能提升老年人的自信心及生活质量。对特殊儿童的研究发现，玩游戏有助于克服阅读障碍，特别是对视觉有问题的儿童。这些都说明，任何工具的发明都可能是一把双刃剑。最重要的是我们如何发挥它的长处，克服由它引起的不良后果。面对游戏的负面影响，切不可因噎废食，不能因为游戏可能会导致一部分人成瘾，就全面否定游戏的作用，甚至要求社会关停游戏产业。

未来已来，你准备好了吗？

参考文献

序

Pan, Y., Chiu, Y., Lin, Y. (2020). Systematic Review and Meta-Analysis of Epidemiology of Internet Addiction. *Neurosci Biobehav Rev*, *118*,612-622.

第一章

Anderson, C. A., Shibuya, A., Ihori, N., Swing, E. L., Bushman, B. J., Sakamoto, A., Saleem, M. (2010). Violent video game effects on aggression, empathy, and prosocial behavior in eastern and western countries: a meta-analytic review. *Psychol Bull, 136*(2), 151-173.

Anguera, J. A., Boccanfuso, J., Rintoul, J. L., Al-Hashimi, O., Faraji, F., Janowich, J., Gazzaley, A. (2013). Video game training enhances cognitive control in older adults. *Nature, 501*(7465), 97-101.

Brilliant, T. D., Nouchi, R., & Kawashima, R. (2019). Does

video gaming have impacts on the brain: Evidence from a systematic review. *Brain Science, 9*(10), 251.

Bushman, B. J., & Huesmann, L. R. (2014). Twenty-five years of research on violence in digital games and aggression revisited: A reply to Elson and Ferguson (2013). *Eur Psychol, 19*(1), 47-55.

Ellis, L., Farrington, D. P., & Hoskin, A. W. (2019). Chapter 5 - Personality and Behavioral Factors. In L. Ellis, D. P. Farrington, & A. W. Hoskin (Eds.), *Handbook of Crime Correlates (Second Edition)* (pp. 205-257). San Diego: Academic Press.

Elson, M., & Ferguson, C. J. (2014). Twenty-five years of research on violence in digital games and aggression: Empirical evidence, perspectives, and a debate gone astray. *Eur Psychol, 19*(1), 33-46.

Ferguson, C. J., & Kilburn, J. (2010). Much ado about nothing: the misestimation and overinterpretation of violent video game effects in eastern and western nations: comment on Anderson et al. (2010). *Psychol Bull, 136* (2), 174-178;

Ferguson, C. J., San Miguel, C., Garza, A., & Jerabeck, J. M. (2012). A longitudinal test of video game violence influences on dating and aggression: a 3-year longitudinal study of adolescents. *J Psychiatr Res, 46*(2), 141-146.

Greitemeyer, T., & Sagioglou, C. (2017). The longitudinal relationship between everyday sadism and the amount of violent video game play. *Personality and Individual*

Differences, 104, 238-242.

Sokolov, A. A., Collignon, A., & Bieler-Aeschlimann, M. (2020). Serious video games and virtual reality for prevention and neurorehabilitation of cognitive decline because of aging and neurodegeneration. *Curr Opin Neurol, 33*(2), 239-248.

Young, K. S. (1996). Psychology of computer use: Addictive use of the Internet: a case that breaks the stereotype. *Psychol Rep*, *79*(3), 899-902.

Kuss, D. J. (2013). Internet gaming addiction: current perspectives. *Psychol Res Behav Manag*, *6*, 125-137.

第二章

Maier, S. F., & Seligman, M. E. (2016). Learned helplessness at fifty: Insights from neuroscience. *Psychol Rev, 123*(4), 349-367.

McGonigal K.(2013).How to make stress your friend. Retrieved from https://www.ted.com/talks/kelly_mcgonigal_how_to_make_stress_your_friend

Roozendaal, B., McEwen, B. S., & Chattarji, S. (2009). Stress, memory and the amygdala. *Nat Rev Neurosci, 10*(6), 423-433.

Seligman, M. E. (1972). Learned helplessness. *Annu Rev Med, 23*, 407-412.

Skinner, B. F. (1958). Diagramming schedules of reinforcement. *J Exp Anal Behav, 1*, 67-68.

Stevens, M. W., Dorstyn, D., Delfabbro, P. H., & King, D.

L. (2021). Global prevalence of gaming disorder: A systematic review and meta-analysis. *Aust N Z J Psychiatry, 55*(6), 553-568.

第三章

Casey, B. J., Somerville, L. H., Gotlib, I. H., Ayduk, O., Franklin, N. T., Askren, M. K., Shoda, Y. (2011). Behavioral and neural correlates of delay of gratification 40 years later. *Proc Natl Acad Sci U S A, 108*(36), 14998-15003.

Chen, X., & Stuphorn, V. (2018). Inactivation of medial frontal cortex changes risk preference. *Curr Biol, 28* (19), 3114-3122.

Dong, G., Huang, J., & Du, X. (2011). Enhanced reward sensitivity and decreased loss sensitivity in Internet addicts: an fMRI study during a guessing task. *J Psychiatr Res, 45*(11), 1525-1529.

Dong, G., & Potenza, M. N. (2014). A cognitive-behavioral model of Internet gaming disorder: Theoretical underpinnings and clinical implications. *J Psychiatr Res, 58*, 7-11.

Dong, G., Wang, L., Du, X., & Potenza, M. N. (2017). Gaming increases craving to gaming-related stimuli in individuals with Internet gaming disorder. *Biol Psychiatry Cogn Neurosci Neuroimaging, 2*(5), 404-412.

Mischel, W. (1961). Delay of gratification, need for achievement, and acquiescence in another culture. *J Abnorm Soc Psychol, 62*, 543-552.

Mischel, W., Shoda, Y., & Rodriguez, M. I. (1989). Delay of gratification in children. *Science, 244*(4907), 933-938.

Przybylski, A. K., Weinstein, N., & Murayama, K. (2017). Internet gaming disorder: Investigating the clinical relevance of a new phenomenon. *Am J Psychiatry, 174* (3), 230-236.

Volkow, N. D., Wang, G. J., Fowler, J. S., Tomasi, D., & Telang, F. (2011). Addiction: Beyond dopamine reward circuitry. *Proc Natl Acad Sci U S A, 108*(37), 15037-15042.

Wang, Y., Wu, L., Wang, L., Zhang, Y., Du, X., & Dong, G. (2017). Impaired decision-making and impulse control in Internet gaming addicts: Evidence from the comparison with recreational Internet game users. *Addict Biol, 22*(6), 1610-1621.

Zhou, W. R., Wang, M., Dong, H. H., Zhang, Z., Du, X., Potenza, M. N., & Dong, G. H. (2021). Imbalanced sensitivities to primary and secondary rewards in internet gaming disorder. *Journal of Behavioral Addictions, 12*(2), 24-32.

第四章

Anacker, C., & Hen, R. (2017). Adult hippocampal neurogenesis and cognitive flexibility - linking memory and mood. *Nat Rev Neurosci*, *18*(6), 335-346.

Bobzean, S. A., DeNobrega, A. K., & Perrotti, L. I. (2014). Sex differences in the neurobiology of drug addiction.

Experimental Neurology, *259*, 64-74.

Borgonovi, F. (2016). Video gaming and gender differences in digital and printed reading performance among 15-year-olds students in 26 countries. *J Adolesc*, *48*, 45-61.

Chew, P. K. H. (2022). A meta-analytic review of Internet gaming disorder and the Big Five personality factors. *Addict Behav*, 126, 107193.

Christakis, D. A. (2009). The effects of infant media usage: What do we know and what should we learn? *Acta Paediatr*, *98*(1), 8-16.

Christakis, D. A. (2020). Early media exposure and autism spectrum disorder: Heat and light. *JAMA Pediatr*, *174* (7), 640-641.

Desai, R. A., Krishnan-Sarin, S., Cavallo, D., & Potenza, M. N. (2010). Video-gaming among high school students: health correlates, gender differences, and problematic gaming. *Pediatrics*, *126*(6), e1414-1424.

Gaillard, A., Fehring, D. J., & Rossell, S. L. (2021). Sex differences in executive control: A systematic review of functional neuroimaging studies. *Eur J Neurosci*, *53* (8), 2592-2611.

Griffiths, M. D., & Hunt, N. (1998). Dependence on computer games by adolescents. *Psychol Rep*, *82*(2), 475-480.

Guerin, A. A., Nestler, E. J., Berk, M., Lawrence, A. J., Rossell, S. L., & Kim, J. H. (2021). Genetics of methamphetamine use disorder: A systematic review and meta-analyses of gene association studies. *Neurosci Biobehav Rev*, *120*, 48-74.

Hoeft, F., Watson, C. L., Kesler, S. R., Bettinger, K. E., & Reiss, A. L. (2008). Gender differences in the mesocorticolimbic system during computer game-play. *J Psychiatr Res*, *42*(4), 253-258.

Ko, C. H., Yen, J. Y., Chen, C. C., Chen, S. H., & Yen, C. F. (2005). Gender differences and related factors affecting online gaming addiction among Taiwanese adolescents. *J Nerv Ment Dis*, *193*(4), 273-277.

Koob, G. F., Sanna, P. P., & Bloom, F. E. (1998). Neuroscience of addiction. *Neuron*, *21*(3), 467-476.

Larsen, B., & Luna, B. (2018). Adolescence as a neurobiological critical period for the development of higher-order cognition. *Neurosci Biobehav Rev*, *94*, 179-195.

Lin, P. Y., Lin, H. C., Lin, P. C., Yen, J. Y., & Ko, C. H. (2020). The association between emotional regulation and Internet gaming disorder. *Psychiatry Res*, *289*, 113060.

Li L., Yu Q. U., Zhang, L., Jin, S., Psychology, S. O., & University, N. N. (2015). The gender difference on Internet addictive among adolescent: The mediation effect of the differentiation of social and psychological situation in school. *Chinese Journal of Clinical Psychology*, *24*(2), 25-31.

Madigan, S., McArthur, B. A., Anhorn, C., Eirich, R., & Christakis, D. A. (2020). Associations between screen use and child language skills: A systematic review and meta-analysis. *JAMA Pediatr*, *174*(7), 665-675.

Martins, S. S., Lobo, D. S., Tavares, H., & Gentil, V. (2002). Pathological gambling in women: A review. *Rev Hosp Clin Fac Med Sao Paulo*, *57*(5), 235-242.

Park, B., Han, D. H., & Roh, S. (2017). Neurobiological findings related to Internet use disorders. *Psychiatry Clin Neurosci*, *71*(7), 467-478.

Paulus, F. W., Ohmann, S., von Gontard, A., & Popow, C. (2018). Internet gaming disorder in children and adolescents: a systematic review. *Dev Med Child Neurol*, *60*(7), 645-659.

Uhl, G. R., Drgonova, J., & Hall, F. S. (2014). Curious cases: Altered dose-response relationships in addiction genetics. *Pharmacol Ther*, *141*(3), 335-346.

van Honk, J., Schutter, D. J., Hermans, E. J., Putman, P., Tuiten, A., & Koppeschaar, H. (2004). Testosterone shifts the balance between sensitivity for punishment and reward in healthy young women. *Psychoneuroendocrinology*, *29*(7), 937-943.

Volkow, N.D., Gur, R.C., Wang, G.J., Fowler, J.S., Moberg, P.J., Ding, Y.S., Hitzemann, R., Smith, G, & Logan, J. (1998). Association between decline in brain dopamine activity with age and cognitive and motor impairment in healthy individuals. *Am J Psychiatry, 155* (3), 344-349.

Widyanto, L., Griffiths, M. D., & Brunsden, V. (2011). A psychometric comparison of the Internet Addiction Test, the Internet-Related Problem Scale, and self-diagnosis. *Cyberpsychol Behav Soc Netw, 14*(3), 141-149.

Yao, Y. W., Liu, L., Ma, S. S., Shi, X. H., Zhou, N., Zhang, J. T., & Potenza, M. N. (2017). Functional and structural neural alterations in Internet gaming disorder: A systematic review and meta-analysis. *Neurosci Biobehav Rev, 83*, 313-324.

Yu, Y., Mo, P. K. H., Zhang, J., Li, J., & Lau, J. T. F. (2021). Why is Internet gaming disorder more prevalent among Chinese male than female adolescents? The role of cognitive mediators. *Addict Behav, 112*, 106637.

第五章

Cooper, B. R., Wang, C. M., Cox, R. F., Norton, R., Shea, V., & Ferris, R. M. (1994). Evidence that the acute behavioral and electrophysiological effects of bupropion (Wellbutrin) are mediated by a noradrenergic mechanism. *Neuropsychopharmacology, 11*(2), 133-141.

Han, D. H., Hwang, J. W., & Renshaw, P. F. (2010). Bupropion sustained release treatment decreases craving for video games and cue-induced brain activity in patients with Internet video game addiction. *Exp Clin Psychopharmacol, 18*(4), 297-304.

Han, D. H., Lee, Y. S., Na, C., Ahn, J. Y., Chung, U. S., Daniels, M. A., Renshaw, P. F. (2009). The effect of methylphenidate on Internet video game play in children with attention-deficit/hyperactivity disorder. *Compr*

Psychiatry, 50(3), 251-256.

Han, D. H., & Renshaw, P. F. (2012). Bupropion in the treatment of problematic online game play in patients with major depressive disorder. *J Psychopharmacol, 26*(5), 689-696.

Han, J., Seo, Y., Hwang, H., Kim, S. M., & Han, D. H. (2020). Efficacy of cognitive behavioural therapy for internet gaming disorder. *Clin Psychol Psychother, 27* (2), 203-213.

Kim, P. W., Kim, S. Y., Shim, M., Im, C.-H., & Shon, Y.-M. (2013). The influence of an educational course on language expression and treatment of gaming addiction for massive multiplayer online role-playing game (MMORPG) players. *Computers & Education, 63*, 208-217.

Kim, S. M., Han, D. H., Lee, Y. S., & Renshaw, P. F. (2012). Combined cognitive behavioral therapy and bupropion for the treatment of problematic on-line game play in adolescents with major depressive disorder. *Computers in Human Behavior, 28*(5), 1954-1959.

Li, H., & Wang, S. (2013). The role of cognitive distortion in online game addiction among Chinese adolescents. *Children and Youth Services Review, 35*(9), 1468-1475.

Pallesen, S., Lorvik, I. M., Bu, E. H., & Molde, H. (2015). An exploratory study investigating the effects of a treatment manual for video game addiction. *Psychol Rep, 117*(2), 490-495.

Park, J. H., Lee, Y. S., Sohn, J. H., & Han, D. H. (2016). Effectiveness of atomoxetine and methylphenidate for problematic online gaming in adolescents with attention deficit hyperactivity disorder. *Hum Psychopharmacol, 31*(6), 427-432.

Park, S. Y., Kim, S. M., Roh, S., Soh, M. A., Lee, S. H., Kim, H., Han, D. H. (2016). The effects of a virtual reality treatment program for online gaming addiction. *Comput Methods Programs Biomed, 129*, 99-108.

Sakuma, H., Mihara, S., Nakayama, H., Miura, K., Kitayuguchi, T., Maezono, M.,Higuchi, S. (2017). Treatment with the Self-Discovery Camp (SDiC) improves Internet gaming disorder. *Addict Behav, 64*, 357-362.

Salling, M. C., & Martinez, D. (2016). Brain stimulation in addiction. *Neuropsychopharmacology, 41*(12), 2798-2809.

Song, J., Park, J. H., Han, D. H., Roh, S., Son, J. H., Choi, T. Y., ... Lee, Y. S. (2016). Comparative study of the effects of bupropion and escitalopram on Internet gaming disorder. *Psychiatry Clin Neurosci, 70*(11), 527-535.

Werneck, M. A., Kortas, G. T., de Andrade, A. G., & Castaldelli-Maia, J.M. (2018). A systematic review of the efficacy of cannabinoid agonist replacement therapy for cannabis withdrawal symptoms. *CNS Drugs, 32* (12), 1113-1129.

结语

Downey, D. B., & Gibbs, B. G. (2020). Kids these days: Are face-to-face social skills among American children declining? *American Journal of Sociology*, *125*(4), 1030-1083.

NEW GAME
START